★ 职业院校文化育人读物

红色故事

主　　编　欧阳亮

执行主编　曾　荣　李泽意

编 写 组（按姓氏笔画排列）

王　宇　王　卓　王　鸿　王　霞　王科福　王恒斌
史　琪　朱元锋　刘夫楠　刘合强　杜沈悦　李　强
李成霞　李泽意　杨　涵　何芳萍　邹　瑄　邹明相
邹建良　帖译帆　金正连　周利方　郑佩瑶　郑柏松
黄森文　章建人　曾卫平　曾洁芸　谭星成　樊建荣

责任编辑　蒲　浩
封面设计　同异设计事务 0791-86861028 18970927276

图书在版编目（CIP）数据

红色故事 / 欧阳亮主编 .—南昌：江西人民出版社，2021.11
ISBN 978-7-210-13571-5

Ⅰ . ①红… Ⅱ . ①欧… Ⅲ . ①革命传统教育—中国—高等职业教育—教材 Ⅳ . ① D642

中国版本图书馆 CIP 数据核字（2021）第 229893 号

书　　名　红色故事
　　　　　HONGSE GUSHI
主　　编　欧阳亮
执行主编　曾　荣　李泽意
出版发行　江西人民出版社
　　　　　（江西省南昌市三经路 47 号附 1 号　邮编　330006）
编 辑 部　0791-86898965　taxue888@foxmail.com
承　　印　南昌市红星印刷有限公司
版　　次　2021 年 11 月第 1 版
印　　次　2021 年 11 月第 1 次印刷
开　　本　720 mm × 1000 mm　1/16
印　　张　15.5
字　　数　245 千字
书　　号　ISBN 978-7-210-13571-5
定　　价　39.00 元

参编学校

（排名不分先后）

上海旅游高等专科学校
上饶职业技术学院
嘉兴职业技术学院
遵义职业技术学院
武汉职业技术学院
延安职业技术学院
江西卫生职业学院
重庆工业职业技术学院
湖南国防工业职业技术学院
石家庄职业技术学院
深圳职业技术学院
临沂职业学院
吉安职业技术学院
江苏财经职业技术学院
赣州职业技术学院
北京市商业学校
闽西职业技术学院
大庆职业学院
黄冈职业技术学院
浙江金融职业学院
百色职业学院
新疆石河子职业技术学院

前言

党的十八大以来，习近平总书记在多种场合强调要传承好红色基因：“要把红色资源运用好，把红色基因传承好，培养一茬茬、一代代合格的红军传人”，“革命博物馆、纪念馆、党史馆、烈士陵园等是党和国家红色基因库。要讲好党的故事、革命的故事、根据地的故事、英雄和烈士的故事，加强革命传统教育、爱国主义教育、青少年思想道德教育，把红色基因传承好，确保红色江山永不变色”。

近年来，职业院校深入学习贯彻习近平新时代中国特色社会主义思想，扎实落实立德树人根本任务，坚持职业教育为人民服务、为中国共产党治国理政服务、为巩固和发展中国特色社会主义制度服务、为改革开放和社会主义现代化建设服务，努力发挥红色文化资源优势，将红色文化与职业院校人才培养相融合，构建职业院校思政教育新环境，把红色文化打造成加强理想信念教育，全面提升人文素养，自觉践行社会主义核心价值观，增强文化自信和爱国情怀的重要内容，成效是喜人的。

2019 年 9 月，首届全国职业院校红色文化高端论坛在吉安职业技术学院举行，“职业院校红色文化研究与教育联盟”（以下简称“红色联盟”）应运而生。“红色联盟”联合全国 20 多所职业院校，精心编写了这本《红色故事》。

习近平总书记指出："在5000多年文明发展中孕育的中华优秀传统文化，在党和人民伟大斗争中孕育的革命文化和社会主义先进文化，积淀着中华民族最深层的精神追求，代表着中华民族独特的精神标识"，"文化滋养心灵，文化涵育德行，文化引领风尚。要注重文化浸润、感染、熏陶，既要重视显性教育，也要重视潜移默化的隐性教育，实现入芝兰之室久而自芳的效果"。

这本《红色故事》就是按照习近平总书记这个精神编写的。全书十一章，以中国共产党的基本历史为线索，收集了一批感人的历史资料改写成红色故事，力求突出可读性、情感性、形象性、真实性，并在每一个故事后附上"感悟与思考"和"知识拓展"，提出一些值得职业院校青年学生思考的问题，介绍一些背景知识，努力做到以真感人、以情化人、以理育人。这本《红色故事》既可作为职业院校思政课的"显性教育"教材，也可作为学生课外阅读的"隐性教育"读物。

本书故事主要由"红色联盟"各成员单位组织编写，背景介绍一般由故事发生地学校编写，一章故事包含多个发生地的由第一篇故事发生地学校编写，故事后的"感悟与思考"和"知识拓展"由吉安职业技术学院组织编写。江西卫生职业学院、赣州职业技术学院、大庆职业技术学院应邀参加了编写，江西省吉安市党史学会李萍、林道喜、胡仪南，吉安职业技术学院戴彪等专家对书中史实进行了审定，在此特别感谢。

由于各种条件的制约，本书内容无法涵盖党史上所有重要地域；更由于水平和时间等限制，错误、缺点在所难免，还请大家批评指正。

目录

第一章　红船起航

第二章　武装起义

第三章 井冈星火

第四章 共和国摇篮

第五章 可爱的中国

第六章　遵义转折

第七章　延安圣地

第八章　红岩英烈

第九章　解放中国

第一章 红船起航

20 世纪初，世界格局发生了巨大的变化。俄国十月革命成功，建立了第一个社会主义国家；中国由封建社会沦落为半殖民地半封建社会，中国人民反对帝国主义侵略和封建主义压迫的斗争风起云涌。

十月革命一声炮响，给中国送来了马克思列宁主义；五四运动爆发后，促进了马克思主义在中国的广泛传播。1920 年初，李大钊号召仿效俄国在中国建立工人阶级政党；随后，“南陈北李，相约建党”，全国多个地方建立了党的早期组织，开展了一系列革命活动。

1921 年 3 月，在共产国际的建议和支持下，召开了各地党的早期组织代表会议。6 月，共产国际派马林到上海，建议召开党的全国代表大会，正式成立中国共产党。7 月 23 日至 8 月 3 日，在上海和浙江嘉兴南湖召开了中国共产党第一次全国代表大会，宣告了中国共产党的成立。

习近平总书记说：“中国产生了共产党，这是开天辟地的大事变。这一开天辟地的大事变，深刻改变了近代以后中华民族发展的方向和进程，深刻改变了中国人民和中华民族的前途和命运，深刻改变了世界发展的趋势和格局。”

让我们记住这段风雷激荡的历史，记住那些值得铭记的故事。

❶ 沧海横流显本色

1921 年 7 月，13 位来自中国不同地方的共产党人，代表当时 50 多位党员，在上海和浙江嘉兴南湖，召开了中国共产党第一次全国代表大会。这 13 位代表当时是些什么人呢？他们的人生又是怎样的呢？正所谓“沧海横流，方显英雄本色！”

★中国共产党第一次全国代表大会代表塑像

人民领袖毛泽东

毛泽东，长沙共产党早期组织代表，出席党的一大时 28 岁。那年夏天，他与湖南另一位代表何叔衡乘船同赴上海，参加党的一大。在党的一大上，毛泽东担任书记员，话语不多，他更多的是虚心听取大家的意见。

1893 年 12 月 26 日，毛泽东出生在湖南湘潭韶山冲。1910 年秋，17 岁的毛泽东考入湘乡县立东山高等小学堂读书。临行前，他给父亲留下一首七言绝句，以明心志：“孩儿立志出乡关，学不成名誓不还。埋骨何须桑梓地，人生无处不青山。”次年春，考入长沙湘乡驻省中学，1913 年考入不收学费的湖南省立第四师范学校（后并入省立第一师范）。1918 年 4 月，毛泽东与蔡和森等创建新民学会。同年 8 月，经杨昌济介绍，毛泽东认识北京大学图书馆主任李大钊，并被安排在图书馆当助理员。由于工作关系，他时常到李大钊处请教，开始了解马克思主义。1919 年 7 月，回到湖南的毛泽东主编《湘江评论》，“以宣传最新思潮为宗旨”。1920 年 11 月，在湖南长沙创建共产主义组织。1921 年 7 月，参加党的一大。1923 年 6 月，参加在广州召开的党的三大，选为中央执行委员会委员。中央执行委员会选出陈独秀、毛泽东、罗章龙、蔡和森、谭平山五人组成中央局，毛泽东任中央局秘书。1924 年 1 月，在中国共产党人的参与和帮助下，中国国民党第一次全国代表大会在广州召开，毛泽东出席会议，并在会上当选为中国国民党中央执行委员会候补委员。1925 年 10 月，毛泽东代理国民党中央宣传部部长。1926 年 1 月，毛泽东以候补中央执行委员身份出席中国国民党第二次全国代表大会，并再次当选为候补中央执行委员。

1927 年，蒋介石在上海发动四一二反革命政变、许克祥在长沙发动马日事变、汪精卫在武汉发动七一五反革命政变后，毛泽东出席了中共中央在汉口召开的紧急会议（即八七会议），并在发言中突出地强调：“以后要非常注意军事。须知政权是由枪杆子中取得的。”此后，毛泽东领导秋收起义、创建井冈山革命根据地、开辟中央苏区、踏上长征路、坚持全民族抗战、指挥解放战争，一直到登上北京天安门，成为中国共产党、中华人民共和国、中国人民解放军的主要缔造者和中国人民的伟大领袖。

革命老人董必武

董必武，“延安五老”（其他四个是徐特立、吴玉章、谢觉哉、林伯渠）之一，武汉共产党早期组织代表，出席党的一大那年他 35 岁。

1920 年，董必武在武汉创办私立中学，好友李汉俊从上海来信，告知上海已成立共产党早期组织，请他在武汉成立类似组织；同年秋，董必武与陈潭秋等创建了武汉共产党早期组织。1921 年 6 月，董必武再次收到上海来信，邀请武汉派代表去上海开会，他与陈潭秋被大家公举赴会，参加党的一大。后回湖北负责发展党员，建立党的组织，担任中共武汉地方委员会书记等职。

1934 年 10 月，年近半百的董必武参加长征，他以超凡的勇气和毅力，历经千难万险，走完长征路。到达陕北后，他担任中央党校校长，为应对全国抗日战争培养了大批领导骨干。抗日战争时期和抗战胜利后，他是中国共产党同国民党谈判的代表之一。1945 年代表解放区参加旧金山联合国制宪会议。先后任中共中央南方局副书记，中共重庆工委书记，中共中央财经部长，华北局书记，华北人民政府主席。

1949 年 10 月 1 日，他是唯一一位和毛泽东一起参加了党的一大，又一同登上天安门城楼，参加开国大典的中共领导人。新中国成立后，他历任中央人民政府委员，政务院副总理兼政治法律委员会主任，最高人民法院院长，全国政协副主席，中华人民共和国副主席、代主席，中央政治局委员、常委，全国人大常委会副委员长等职务，为新中国的巩固、建设和发展竭诚尽智、鞠躬尽瘁。1975 年 4 月 2 日，董必武在北京逝世，享年 90 岁。

跳崖牺牲何叔衡

何叔衡，长沙共产党早期组织代表，44 岁出席党的一大，是参加会议的最年长者。

1918 年，何叔衡和一帮年轻人一起，参加新民学会，是这个团体的领导人之一。党的一大闭幕后，何叔衡与毛泽东回到长沙，组建湖南党组织。之后，他利用捐资办起了湖南自修大学，培养党的干部。1927 年 5 月，许克祥在长沙发动马日事变，正在指导农民运动的何叔衡被捕，但他机智地逃脱。1928 年 6 月，何叔衡赴苏联出席党的六大，同年 9 月，进入莫斯科中山大学学习，三年后返回上海，任中国互济总会主任。1931 年 11 月，何叔衡进入中央苏区，参加中华苏维埃共和国临时中央政府的领导工作。1934 年 10 月，中央红军主力长征后，何叔衡奉命留在中央苏区坚持游击战争，经受了严峻的生死考验。1935 年 2 月 24 日，在长汀突围中，何叔衡与瞿秋白、邓子恢等人被敌人包围。为避免被俘，他跳下悬崖，身负重伤，躺倒在山下的一块水田里。当两个敌兵去搜他身上的东西时，他奋力抗击，被敌兵连击两枪，壮烈牺牲，实践了他生前“我要为苏维埃流尽最后一滴血”的誓言。

从容就义邓恩铭

邓恩铭，济南共产党早期组织代表，出席党的一大时20岁，是唯一的少数民族代表。

邓恩铭出身于贵州省荔波县一个水族家庭，在亲戚帮助下考上济南省立第一中学。1920年末，济南共产党早期组织成立，邓恩铭和王尽美是负责人。

1921年7月，正值暑假，邓恩铭接到上海来信后，迅速从青岛乘船赴上海，是到会较早的代表之一。在会上，他思想活跃，积极发言。党的一大之后，他又作为中国代表之一，出席了在莫斯科召开的共产国际远东代表大会，受到列宁的接见。从苏联回到山东后，他致力于发展党组织和山东工人运动。1928年底，在济南进行革命活动时，由于叛徒告密被捕。1931年4月5日，邓恩铭被国民党反动派残忍地杀害。临刑前，他从容整装，高唱《国际歌》，昂首走向济南纬八路刑场，英勇就义，年仅30岁。

天山英魂陈潭秋

陈潭秋，武汉共产党早期组织代表，出席党的一大时25岁。他是武汉共产党早期组织负责人，也是著名的学生领袖。

大革命失败后，陈潭秋在江西、满洲、江苏等地做党的工作。1933年春，陈潭秋化装秘密进入中央苏区，担任中华苏维埃共和国粮食部部长。1934年10月中央红军长征后，他留下来任中央分局委员坚持斗争，翌年初率部突围时负伤，辗转赴上海治疗。不久，被中共中央派往莫斯科参加共产国际第七次代表大会。1939年5月，陈潭秋奉命回国，在新疆任中共中央驻新疆办事处代表和八路军驻新疆办事处负责人，承担与“新疆王”盛世才建立统一战线的重要任务。

1943年9月27日，陈潭秋和毛泽民、林基路等被新疆军阀盛世才秘密杀害于乌鲁木齐，时年47岁。

英年早逝王尽美

王尽美，济南共产党早期组织代表，出席党的一大时 23 岁。

1918 年，王尽美前往济南求学，考入山东省立第一师范学校。1919 年，五四运动爆发。在王尽美等人倡导下，5 月，山东学生联合会成立，他被推举为负责人之一。1920 年 3 月，北京大学马克思学说研究会成立，王尽美成为研究会的外埠通讯会员。同年 11 月，他与邓恩铭等发起成立励新学会，创办《励新》半月刊，研究和传播新思想、新文化。1921 年春，王尽美和邓恩铭等发起创建济南共产党早期组织。7 月，王尽美和邓恩铭作为济南共产党早期组织代表，赴上海出席中国共产党第一次全国代表大会。

党的一大结束后，他与瞿秋白、邓恩铭等，参加了共产国际在莫斯科召开的远东会议，受到列宁接见。回国后，他协助罗章龙，组织了京奉铁路、开滦煤矿等大罢工。

1922 年 7 月，王尽美参加了党的二大。党的三大后，根据党的决议，他以个人身份加入国民党，于 1924 年 1 月出席中国国民党第一次全国代表大会。12 月，去北京参加李大钊组织的国民会议运动讲演大会。归途中，在天津受到孙中山接见，被委以国民会议特派宣传员。同年 11 月，任中共山东地方执行委员会书记。

在终日奔波中，王尽美积劳成疾，感染肺结核病，经常咳血。但他仍以带病之身，奔走于济南、青岛、北京、上海、广州等地，宣传马克思主义，组织发动工人罢工。

1925 年 4 月，王尽美再次来到青岛。当欢庆罢工胜利的锣鼓响起时，他病发倒在工人队伍中。8 月 19 日，王尽美病逝于青岛，年仅 27 岁。病重期间，他请青岛党组织负责人记录，口授遗嘱：全体同志要好好工作，为无产阶级和全人类的解放和共产主义的彻底实现而奋斗到底！

不弃信仰李汉俊

李汉俊，上海共产党早期组织代表，出席党的一大时 31 岁。

1904 年春，14 岁的李汉俊东渡日本求学，后考入东京帝国大学土木工科。

留日期间，他结识了日本马克思主义经济学者河上肇，受到极大影响，开始信仰马克思主义。1918 年岁末回国后，他住在上海法租界渔阳里，从事写作、翻译工作，传播新文化及马克思主义。

早在 1919 年 9 月，李汉俊就萌发了在中国建党的思想。1920 年初，他和李大钊、陈独秀等开始建党工作。同年 5 月，他和陈独秀组织成立了“上海马克思主义研究会”，8 月又发起成立第一个共产党早期组织。他还负责帮助各地建立共产党组织，并担任联络工作。

党的一大时，他把自己在上海法租界望志路 106 号（今兴业路 76 号）与兄长李书城一起居住的房子当作会场，并用智慧和胆识保卫了党的一大的安全，为会议的召开作出了突出贡献。

党的二大后，李汉俊与张国焘、陈独秀出现分歧，渐渐脱离了党的活动，但并没有放弃马克思主义信仰，仍坚持宣传马列主义。大革命失败后，他利用合法职位，掩护了一批尚未暴露的共产党员、共青团员和进步人士，还参与领导了二七工人大罢工。后又转到北京，发表文章揭露蒋介石的反革命面目。

1927 年 12 月 17 日，李汉俊在北京寓所被新上台的桂系军阀胡宗铎逮捕，在未经审讯的情况下被枪杀，时年 37 岁。反动军阀贴出告示，称李汉俊为“共党首要分子”，但此时他已不是中共党员。烈士没有在党的花名册上，却死在“罪”为“共党首要分子”的布告下。新中国成立后，毛泽东给李汉俊的人生作了一个圆满的总结，为其家属颁发了烈士证书，还特别写道：“李汉俊同志在大革命中光荣牺牲，丰功伟绩永垂不朽！”

马列理论家李达

李达，上海共产党早期组织代表，出席党的一大时 31 岁。

李达，湖南永州人，靠刻苦攻读考入京师优级师范，1913 年考取留日官费生，后因病无法继续学业而回国。1917 年，他再度赴日，考入日本第一高等学校（后来的东京帝国大学）读理科，受俄国十月革命影响，开始研究马克思主义，并试译了《唯物史观解说》《马克思经济学说》《社会问题总览》三本书，向国内比较系统地介绍马克思主义理论。1920 年夏从日本归国后，他与陈独秀、李汉俊等人共同组建中国共产党上海发起组。1921 年 2 月至 7 月，代理上海共产党早期组织书记，为大会的筹备、组织、文件起草和会务做了大量卓有成效的工作。

党的一大后，李达在上海机关做了一年的实际工作，之后携家返湘，同毛泽东合作，办湖南自修大学，潜心从事马列主义理论研究和党的干部培养工作。1923 年秋，由于不满陈独秀的家长作风和国共采取“党内合作”的做法，愤然宣布退党。新中国成立后他曾言这是他“生平所曾犯的政治上的和组织上的最严重的、最不能饶恕的大错误”。1949 年 12 月，毛泽东作为历史见证人，刘少奇作为入党介绍人，李达重新加入中国共产党。

新中国成立后，李达奉命改造湖南大学和武汉大学，成果甚丰，“文革”时受到迫害。1966 年 8 月 24 日，这位中国共产党的创始人之一，毕生研究和传播马克思主义的哲学家、教育家遭到迫害，含冤死去，终年 78 岁。1980 年，中央书记处批准为李达彻底平反昭雪，恢复党籍，恢复名誉。

指派代表包惠僧

包惠僧，湖北黄冈人，1917 年毕业于湖北省立第一师范，后任《汉口新闻报》《大汉报》等报记者，1919 年北京大学文学系肄业，参加了五四运动。1920 年参加武汉共产党早期组织，并在武昌组织共产党临时支部。

1921 年上半年，上海党组织负责人李汉俊委托他前往广州，请陈独秀回上海主持工作。陈独秀因就任广东政府教育委员会委员长没空返回，就派包惠僧代表他出席党的一大，并负责汇报会议情况。

大革命失败后，包惠僧回到上海。面对上海的白色恐怖，他苦闷、灰心、失望，加上张国焘的处处责难，1928 年他脱离了共产党。

1931 年，包惠僧任国民政府陆海空军总司令部参议，1936 年转任国民党政府内政部参事。后又历任户政司司长、人口局局长等职。1948 年夏，国民政府缩编时，包惠僧看透黑暗，申请自动遣散，与国民党当局脱离，携家眷到澳门谋生。

解放初，包惠僧赴北京，1950 年入华北人民革命大学（中国人民大学的前身）政治研究院学习一年，毕业后即分配到中华人民共和国内务部研究室任研究员，翌年 8 月任内务部参事，1957 年 4 月任国务院参事，1979 年 7

月 2 日在北京病逝。

迷途知返刘仁静

刘仁静，北京共产党早期组织代表，出席党的一大时 19 岁，是年龄最小的代表。

刘仁静中学时到武昌英国人创办的博文书院就读，接触了外文知识，萌发了民主意识，后考入北京大学，参加少年中国学会，与李大钊、邓中夏等成为马克思学说研究会发起人之一。

在党的一大会议上，刘仁静极力反对西欧社会党的议会政策以及改良思想，认为中国共产党应积极从事工人运动，为共产革命作准备。

1926 年，受中央派遣，刘仁静赴莫斯科国际党校列宁学院学习，看了不少托洛茨基的文章，渐渐转向“托派”[①]。1929 年从苏联回国途中，刘仁静突然转道土耳其，拜见托洛茨基，回国后又拒绝汇报探访详情被开除出党。后投到陈独秀门下，自命为“中国托派天字第一号人物”和“特等理论家”。

1939 年，刘仁静随国民党“三青团”机关撤到重庆。抗战胜利后回到上海，担任《和平与统一》特务刊物主编。刊物停办后，又辗转于国民党多个机关。

1949 年国民党败退台湾，刘仁静如梦方醒，离开国民党留在了上海。解放初来到北京，刘少奇亲自找他谈话，刘仁静终于认识到自己的错误。组织上安排他到人民出版社从事编译工作。

1986 年，刘仁静被任命为国务院参事。1987 年 8 月 5 日，一场意想不到的车祸夺去了刘仁静的生命，这位中共一大代表走完了他人生的历程，终年 85 岁。

二号汉奸陈公博

陈公博，广州共产党早期组织代表，出席党的一大时 29 岁，是党的一大代表中最先脱党的。

---

① 注：“托派”即“托洛茨基主义”派，原是俄国革命运动中以托洛茨基为首的一个政治派别。十月革命后，不断进行派别活动，反对苏维埃政权。托派成员散布在许多国家，1938 年拼凑成立了“第四国际”。

陈公博，广东南海人，1892 年出生在一个官宦之家。他从广州法政专门学校毕业后，考入北京大学哲学系，并在校园里逐渐接受了共产主义思想。1920 年，陈公博毕业之后南下广州，同谭平山一起参与创办宣传新思想的《群报》，后来又协助陈独秀在广州建立党组织，并负责组织工作。

1921 年 7 月 30 日，党的一大会场遭密探骚扰，会议中断，后转移至浙江嘉兴南湖。而在上海居所受到惊吓的陈公博提前脱离集体，携妻去了杭州，后辗转逃回广州。1922 年 6 月，广东军阀陈炯明发动叛乱。党中央决定联孙反陈，并要求广州的党组织断绝与陈炯明的关系，但是陈公博作为中共党员，不仅不服从党中央的决定，还公然写文章支持陈炯明，遭到党中央的批评。

对于党中央的批评，陈公博非但不虚心接受，还公开声明绝不受党组织的约束，甚至声明与党中央决裂，不再执行党的任务，彻底脱离了共产党。不久之后，陈公博前往美国留学。

1925 年 4 月，陈公博回国，受到国民党的邀请，加入国民党，并在汪精卫的提携下担任了国民党中央党部书记、中央执行委员，进入核心领导层。

九一八事变后，蒋汪再次联合，陈公博出任国民党中央民众训练部长、行政院实业部长等职。抗日战争全面爆发后，陈公博见国民党军屡战屡败，对抗战彻底失去信心，便追随汪精卫叛国投敌，成为汪伪政权里的第二号大汉奸，参与了很多重大决策。

1944 年 11 月，汪精卫死后，陈公博一度任伪国民政府代主席，成为头号大汉奸。1945 年 8 月 15 日，日本侵略者投降，陈公博仓皇逃到日本。然而在全国人民严惩汉奸的呼声中，陈于 10 月 3 日被押解回国。

1946 年 4 月，江苏省高等法院公审陈公博，判处陈公博死刑。6 月 3 日，随着一声沉闷的枪响，陈公博罪恶的一生结束了。

叛党叛国周佛海

周佛海，旅日共产党早期组织代表，出席党的一大时 24 岁。

周佛海，湖南省沅陵县人，1917 年夏赴日留学，进入日本鹿儿岛第七高等学校学习。1921 年上半年，周佛海接到赴上海参加党的一大的信件，成为唯一的旅外代表。

周佛海返日后，改入京都帝国大学经济科继续深造。他虽然有了更好的条件研究、宣传马克思主义，却与党组织脱离了关系，不再从事党的任何工作。1924年回国后，周佛海与国民党右派沆瀣一气，给中共广州执委写信要求脱党。

周佛海脱党后，马上踏上反共道路，成为蒋介石翼下的得力谋士。抗战全面爆发后，周佛海又与汪精卫狼狈为奸。

1945年8月，日本投降，汪伪政府作鸟兽散。周佛海故伎重演，迅速给蒋介石发电，要将上海“完整”交给国民党。8月20日，蒋介石任命周佛海为“国民政府军事委员会上海行动总队司令”。但是，那时民间审判汉奸的呼声一浪高过一浪。蒋介石迫于民情的压力不得不把周佛海送上法庭。1946年9月，周佛海被押往南京羁押，11月被判处死刑。不久，蒋介石特赦周佛海为无期徒刑。1948年2月28日，周佛海死于南京老虎桥监狱，终年52岁。

叛党投敌张国焘

张国焘，北京共产党早期组织代表，出席党的一大时24岁，是当时会议的主持者。

五四运动期间，张国焘因卓越的组织能力被推举为北京学联主席。1921年6月，作为北京共产党早期组织的代表到上海参加党的一大。

1921年8月，中国共产党在上海成立了中国劳动组合书记部，张国焘受命负责，发表了《中国劳动组合书记部宣言》，揭开了中共正式成立后领导全国工人运动的序幕。

1924年5月21日，张国焘及妻子杨子烈被捕，张国焘投降自首。出狱后，张国焘隐瞒变节行为，参与中共驻共产国际代表团留在苏联，成为拥护王明的得力干将。回国后，张国焘以中央代表身份被派往鄂豫皖苏区主持工作。

1935年夏，中央红军与张国焘领导的红四方面军在川西会师。张国焘自恃人多枪好马壮，先要夺红军总政委一职，继而在中革军委、中央政治局委员中要官要位，并发展到对抗中央路线，拒不执行北上决议，另立“中央”。1938年4月，张国焘借去陕西黄帝陵祭陵的机会，逃离延安，投靠国民党。

张国焘叛党后，立即从事反共活动。他在上海创办宣传反共的《创进》报，1949 年逃往香港后又伙同第三方势力创办《中国之声》杂志。1966 年，张国焘匆匆离开香港，移居加拿大，1979 年客死于多伦多。

（**撰稿**：上海旅游专科学校　周利方）

感悟与思考

1. 参加党的一大的 13 位代表，2 人迎来了革命成功，3 人壮烈牺牲，1 人积劳成疾英年早逝，2 人脱党但忠于信仰，2 人误入歧途后迷途知返，3 人叛党叛国下场可耻。亲爱的同学们，请你们认真读一读他们的人生经历，感悟忠于信仰和迷失方向的差别。

2. 在党的一大代表中，大部分是 35 岁以下的年轻人。在那个风起云涌的年代，中国青年积极投身于革命洪流。今天，我们新时代青年同样担负着建设社会主义现代化国家和实现中华民族伟大复兴的历史使命。请你想一想，我们应该如何担负起这一使命？

知识拓展

中国共产党第一个纲领

党的一大通过的中国共产党纲领，确定党的名称为“中国共产党”，规定党的纲领是：革命军队必须与无产阶级一起推翻资本家阶级的政权；承认无产阶级专政，直到阶级斗争结束；消灭资本家私有制，没收机器、土地、厂房和半成品等生产资料，归社会公有；联合共产国际。纲领明确提出要把工人、农民和士兵组织起来，并确定党的根本政治目的是实行社会革命。

中国共产党第一个纲领虽然不是正式的党章，但包含了党章的内容，规定了党的名称、性质、任务、纲领、组织和纪律，具有党章的初步体例，实际上起到了党章的作用，为后来党章的制定和完善奠定了基础。

2 石库门里开天辟地

20世纪初，中国社会风云激荡。俄国十月革命，使马克思列宁主义在中国广泛传播。1919年爆发的五四运动，促进了马克思主义同中国工人运动的结合。

1920年夏至1921年春，在上海、北京、武汉、长沙、济南、广州以及旅日、旅欧留学生中相继建立了共产党早期组织。此时，在中国建立共产党的条件基本成熟。于是，建党骨干开始酝酿召开中国共产党全国代表大会。

1921年6月3日，共产国际派代表马林取道欧洲来到上海，与从西伯利亚南下的另一位共产国际远东局书记处代表尼克尔斯基会合。他们很快与陈独秀离沪期间主持上海党组织工作的李达、李汉俊取得了联系。共产国际代表建议及早召开党的代表大会，正式成立中国共产党。李达、李汉俊在征询陈独秀、李大钊的意见后，分别写信给各地党组织，要求每个地区派出两位代表，到上海出席党的全国代表大会。1921年7月中下旬，各地代表陆续抵达上海，代表全国50多名党员，参加中国共产党第一次全国代表大会。

7月23日晚，大会正式开幕。会址是上海法租界望志路106号（今兴业路76号）李书城、李汉俊兄弟的住宅。为了安全起见，室内没有特别布置，

★党的一大会址

大家围坐在客厅长餐桌四周。参加会议的代表有：上海的李汉俊、李达，北京的张国焘、刘仁静，长沙的毛泽东、何叔衡，武汉的董必武、陈潭秋，济南的王尽美、邓恩铭，广州的陈公博，旅日的周佛海；包惠僧受陈独秀派遣，出席了会议。陈独秀和李大钊因事务繁忙未出席会议。

马林和尼克尔斯基两位共产国际代表出席了开幕会议，并发表了热情洋溢的讲话。马林首先指出，中国共产党的成立具有重大的世界意义，第三国际增加了一个东方支部，苏俄布尔什维克又多了一个亲密战友。他还对中共提出了建议和希望。尼克尔斯基则介绍了共产国际远东局的情况，要求中共把工作进程及时报告远东局。

接着，代表们商讨了会议的任务和议题，一致确定先由各地代表报告本地工作，再讨论并通过党的纲领和今后工作计划，最后成立中央领导机构。

7月24日举行第二次会议，各地代表报告本地区党组织的状况和工作进程，并交流了工作经验和体会。25日、26日休会，用于起草党的纲领和今后工作计划。27日、28日、29日分别举行会议，集中议论起草的纲领和决议。讨论认真热烈，大家各抒己见，既有统一的认识，又有对某些问题的争论，但会议未作出决定。

7月30日晚举行第六次会议，议题是通过党的纲领和决议，选举中央机构。会议刚开始几分钟，法租界巡捕房密探突然闯入，会议被迫中断。

马林由莫斯科途经欧洲来华途中，曾在维也纳被警察局拘捕，虽经营救获释，但其一直被作为“赤色分子”而受到严密监视。具有丰富秘密工作经验的马林警觉地判断这人一定是“包打听”，建议立即停会，大家分头离开。

果然，十几分钟后，两辆警车包围了会场，法籍警官亲自带人进入室内询问搜查，在没有找到证据后，威胁警告一番才撤走。这次突发情况虽然没有对会议造成重大损失，但已给与会者带来了安全隐患。代表们当晚集中在李达寓所商讨对策，一致认为，会议不能继续在上海举行了。有人提议到杭州开会，又有人认为杭州过于繁华，容易暴露目标。在场的李达夫人王会悟提出，不如到她的家乡浙江嘉兴南湖开会，那里离上海很近，又易于隐蔽。大家对这个提议都赞成。于是，8月2日至3日，代表们分两批乘火车前往嘉兴，并完成了最后的会议议程。

两位国际代表马林和尼克尔斯基是外国人，外貌目标太大，李汉俊是会场房东，需要应付巡捕房事务，陈公博在住所经历了一场虚惊，他们四人都没去嘉兴。

中国的历史就这样在上海的石库门里发生了一次重大转向。党的一大宣告中国共产党正式成立，这是近代中国社会进步和革命发展的客观要求，是开天辟地的大事变。自从有了中国共产党，中国革命的面目就焕然一新了；中国和中国人民就有了一个全新的未来。

（**撰稿**：上海旅游专科学校　周利方）

感悟与思考

习近平总书记说：“中国产生了共产党，这是开天辟地的大事变。这一开天辟地的大事变，深刻改变了近代以后中华民族发展的方向和进程，深刻改变了中国人民和中华民族的前途和命运，深刻改变了世界发展的趋势和格局。”亲爱的同学，对这些论述我们该怎样理解？

知识拓展

党的一大会址

中国共产党第一次全国代表大会会址，位于上海市兴业路 76 号（原望志路 106 号），于民国九年（1920 年）夏秋间建，是一幢沿街砖木结构一底一楼旧式石库门住宅建筑，坐北朝南，为上海典型石库门式样建筑，外墙青红砖交错，镶嵌白色粉线，门楣有矾红色雕花，黑漆大门上配铜环，门框围以米黄色石条，门楣上部有拱形堆塑花饰。1921 年 7 月 23 日至 7 月 30 日，党的一大在此召开。

石库门是最具上海特色的居民住宅，它起源于太平天国时期。当时的战乱迫使江浙一带的富商、地主、官绅纷纷举家拥入上海租界寻求庇护，外国的房产商乘机大量修建一种用石条围束门的住宅建筑，以牟取暴利。这种建筑的大门以石头做门框，以乌漆实心厚木做门扇，被叫作“石箍门”。那时上海宁波移民很多，宁波人把“箍”字音发成“库”字音，久而久之，上海的“石箍门”就讹作“石库门”了。

3 南湖画舫续开党的一大

“革命声传画舫中，诞生共党庆工农。重来正值清明节，烟雨迷濛访旧踪。”1964 年 4 月 5 日，参加过党的一大的董必武专程到浙江嘉兴南湖视察，仔细察看游船后，挥毫题写了这首诗。中国共产党不是在上海诞生的吗？怎么是在嘉兴南湖的画舫中诞生的呢？

★南湖红船（油画　嘉兴职业技术学院吴国祥作）

原来，1921 年 7 月 30 日晚，党的一大举行第六次会议时，法租界巡捕房警探突然闯入，会议被迫中断。在上海继续开会已经不安全了，代表们决定，转移会议地点。

大家首先想到杭州，在西湖租一条游船，边游湖边开会，可以避人注目，乘坐沪杭火车也比较方便。但是，大家又担心西湖人多眼杂，安全无法保证；而且火车从上海到杭州要 6 小时，一天内开会时间不够，于是又否决了这个提议。

上海代表李达的夫人王会悟建议，将会议转移到嘉兴南湖较为合适。嘉兴距上海百余公里，乘坐早上 7 时 35 分的火车，上午 10 时 25 分就可到嘉兴，可以有一天时间来完成会议；以游客的身份到南湖边游湖边开会便于掩护；嘉兴同学多，有突发情况可以分散躲避。代表们采纳了她的建议。就这样，历史选择了嘉兴南湖。

8 月 2 日，王会悟与董必武、毛泽东、陈潭秋等一行，乘火车提前到达嘉兴，在鸳湖旅馆开了房间作为代表们的歇脚之处，并请旅馆的账房先生租好一艘中等画舫；王会悟等人还登上南湖烟雨楼察看了地形，商定开会时将游船撑到离湖心岛东南方向约 200 米的水面，那里比较僻静。

李汉俊是上海一大会址的房主，已受监视，不宜离开；陈公博所住旅馆前一晚发生枪杀事件，误以为杀手是冲着他来的，心里十分害怕，便带着妻子去了杭州；马林和尼克尔斯基是外国人，容易引人注意，因而四人都没有参加嘉兴南湖的续会。

8月3日，其余代表一早从上海北站出发，上午10时25分抵达嘉兴。他们在王会悟的引导下，于嘉兴东门的狮子汇渡口登上摆渡船，到南湖再换乘预定的画舫，行至事先商定的湖面后用竹篙撑住，会议就在画舫的中舱举行。王会悟在船头望风，午餐是鸳湖旅馆送来的饭菜。下午3点以后，湖上游船逐渐增多，留声机唱京戏的声音时隐时现。5点左右，湖面突然一艘汽艇飞快开来，王会悟立刻敲窗报警，代表们以为是当局巡查，立即停会，将早已准备好的麻将牌推倒在桌上，假装打起麻将来。后来了解到，汽艇是一个本地绅士开着在南湖兜风，于是解除警报，继续开会。

南湖的续会从上午11时左右开始，到下午6时左右结束，审议并通过了中国共产党第一个纲领和中国共产党第一个决议，经过无记名投票，选举产生了以陈独秀为书记、李达为宣传委员、张国焘为组织委员的中央局领导机构。会议结束时，有代表提议："让我们再喊一遍口号吧！记得声音轻一点。"

于是，代表们压低声音呼喊："共产党万岁！第三国际万岁！共产主义万岁！"……声音低沉却铿锵有力！

从此，中国共产党正式成立了，南湖成为重要的革命纪念地；这条游船因而获得了一个永载中国革命史册的名字——红船，南湖红船也成了中国共产党的源头。

2005年6月，时任浙江省委书记的习近平在《光明日报》发表文章《弘扬"红船精神"走在时代前列》，首次提出并阐释了"红船精神"："开天辟地、敢为人先的首创精神；坚定理想、百折不挠的奋斗精神；立党为公、忠

★嘉兴南湖红船

诚为民的奉献精神。”

“红船精神”一直激励和鼓舞着中国共产党站在历史的高度，走在时代的前列，勇当舵手，引领航向。2017 年 10 月 31 日，在党的十九大胜利闭幕之后，习近平总书记带领中共中央政治局常委专程赶赴南湖，学习“红船精神”。他说：“秀水泱泱，红船依旧；时代变迁，精神永恒。”“上海党的一大会址、嘉兴南湖红船是我们党梦想起航的地方。我们党从这里诞生，从这里出征，从这里走向全国执政。这里是我们党的根脉。”

历史已走过百年，今天的南湖更加风景如画，“红船精神”在新时代焕发出新的光彩，伟大的中国共产党正带领华夏儿女驶向中国梦的新天地。

（**撰稿：**嘉兴职业技术学院　邹建良）

感悟与思考

习近平总书记说：“上海党的一大会址、嘉兴南湖红船是我们党梦想起航的地方。我们党从这里诞生，从这里出征，从这里走向全国执政。这里是我们党的根脉。”亲爱的同学，对这些话我们该怎么深刻理解？

知识拓展

南湖红船

南湖红船是指 1921 年 8 月 3 日，中国共产党第一次全国代表大会在浙江嘉兴南湖续会时乘坐的游船。这种船在嘉兴南湖叫作画舫，因船身呈暗红色，又与中国共产党的红色历史相连，被誉为南湖红船。

这种船是一种单夹弄丝网船，一般中舱放一张方桌，桌上摆设茶具；前舱搭有凉棚，后舱设有床榻，船尾置有菜厨、炉灶等物;船后系一小船，叫“拖梢船”，方便接送游客上岸。现今停泊在南湖烟雨楼东南方向的中共一大续会画舫，由无锡红旗船厂根据当事者回忆按原样仿造。

4 党的一大幕后功臣王会悟

说起党的一大，人们注意的重心往往是13位与会代表，以及跌宕起伏的开会过程。但有一位既不是共产党员，更不是大会代表的女性却全程参与了党的一大，并且被称为“一大幕后功臣”，她就是中国共产党创始人之一李达的夫人王会悟。

王会悟生于1898年7月8日，浙江桐乡乌镇人。其父王彦臣在乌镇以教书为业，王会悟6岁时便入父亲的私塾读书，与沈雁冰（茅盾）同窗。良好的家庭教育使她从小就养成了善良勇敢又刚强坚毅的性格。1913年下半年，王会悟在哥哥的支持下，去嘉兴女子师范学校读了一年预科，毕业后“女”承父业回乌镇教书。她教学艺术新颖，积极向学生传授新知识、倡导新观念。乡亲们都说：“小王先生教的不比老王先生差。”她的学生人数增至100多人，比她父亲的私塾学生最多时还多一倍以上。

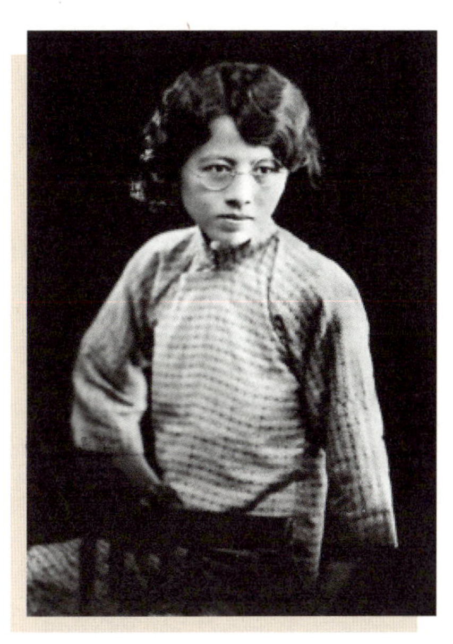

★王会悟

1919年，声势浩大的五四运动在全国爆发，王会悟深受鼓舞，经沈雁冰介绍来到上海。后经学联介绍，王会悟拜访了上海中华女界联合会负责人、辛亥革命领袖黄兴的夫人徐宗汉。王会悟热情开朗的性格、认真负责的工作态度得到徐宗汉的肯认。

在中华女界联合会工作期间，王会悟结识了中国留日学生总会代表李达。由于工作需要，李达经常回国，并和中华女界联合会有工作上的联系。在工作接触中，王会悟被这个不善言辞却谦和有礼又信仰坚定的年轻人所吸引，两人萌生了真挚的爱情。但是，他们一个是浙江人，一个是湖南人，语言不通，便用笔写在纸上进行交流，王会悟称之为“笔谈恋爱”。1920年4月，陈独秀夫人高君曼做证婚人，王会悟与李达在上海法租界环龙路渔阳里2号陈独秀家中举行了简单的婚礼，新房就安在陈独秀家二层楼房的底层。

婚后，这对青年夫妻积极投身革命洪流，为筹建中国共产党而奔忙，二人的洞房成为《共产党》月刊编辑部。由于事务繁忙，李达就把给各地代表发会议通知、安排代表住宿、寻找会场等一系列后勤事务，都托付给妻子王会悟。

王会悟深感责任重大，不敢懈怠。她按照李达的要求，给各地共产党早期组织发信，要求速派两名代表前来上海参加会议。接着，又寻找开会地址。王会悟认为，在上海开会危险很大，便向丈夫提议到她的老家乌镇开会。乌镇位于浙江北部，京杭大运河西侧，处于两省三府七县交界之地，是个“三不管”的地方，而且风景秀丽。李达也很想去夫人的家乡看看，但他沉思了一会，说道：“乌镇地方是清净，但你想，平时极是清净的一个水乡小镇，如果一下子聚集了十多个陌生人，还有外国人，能不引起轰动？”王会悟想想也是，于是作罢。之后，王会悟想到利用上海中华女界联合会会长与博文女校校长是好朋友的关系，以“北大师生暑期旅行团”的名义租下博文女校，供代表住宿和开会比较安全；又想起距离博文女校不远的李书城、李汉俊兄弟家，因李书城在外地度假房子空置，作为开会地点很合适，最后确定把会议地点定在李书城家楼上客厅。

1921年7月23日晚8时，党的一大正式召开，出席会议的马林和尼克尔斯基以及翻译杨明斋由王会悟护送到会场。出席人员到齐后，王会悟便退出会议室，到楼下搬一张椅子，拿一把蒲扇，坐在门口装着乘凉，为会议把风。会议开到第四、五天时，会场附近出现了密探的身影。第六天晚上，会议刚开始，忽然有一个陌生人往楼上走，她立即叫住那个人问他是谁。那人说是找各界联合会的王会长，并道歉说走错了。王会悟觉得这事很蹊跷，马上上楼报告。马林说这一定是密探，会议必须马上终止，代表们迅速离场。果然，不到10分钟，法租界巡捕就包围了会场，对会场进行搜查。正是由于王会悟的机警，才避免了一场危机。

代表们在李达的住处商量应变办法，一致的意见是转移到别处继续开会。然而去哪里好呢？这时，坐在李达身边一直听着大家议论的王会悟笑吟吟地说：“我今天又要多嘴了。我倒有一个主意，离我们浙江桐乡不远，有个地

★嘉兴乌镇王会悟纪念馆

方叫嘉兴，是个开会的好处所。我在嘉兴师范学校读过书，对嘉兴很熟悉。那里有个南湖，离火车站很近，湖上有游船可以租用。那个地方景色秀丽，但不像杭州那样引人注目。我们不妨租一艘画舫，扮作逛西湖途经嘉兴的游客。在船上开会，又安全又方便。游南湖的人比游西湖的人少得多，而且从上海到嘉兴，只及上海到杭州的一半路程。”

王会悟的意见立即得到董必武和何叔衡的支持。李达赞同妻子的提议，说："南湖我也去过，虽属风景名胜，但毕竟是县里的小去处，官僚、密探一般不会去那里，在那儿开会比较安全。”担任党的一大执行主席的张国焘接口道："在船上开会，安全系数更高。会悟好心计，胜过须眉。”众代表异口同声："那就去嘉兴南湖吧。”

党的一大新会址就这样确定了。代表们分批坐火车来到嘉兴，登上王会悟预先雇好的游船。代表们在船舱开会，王会悟就坐在船头放哨。她专门带来一副麻将，每当有别的船靠近，她就哼起嘉兴小调，敲一敲船板，得到信号的代表们就把麻将搓得噼里啪啦响。

党的一大续会在南湖游船上开了 7 个小时左右，到下午 6 时完成全部议程。王会悟担负的各项任务也圆满完成。事后，共产国际代表马林高度评价王会悟的工作，她本人事实上也成了党的一大的幕后功臣，被誉为党的一大“卫士”。

王会悟虽然没有加入中国共产党，但是她时时刻刻把党的事业作为自己的事业，她为中国共产党、为中国人民的解放事业作出了巨大贡献。1993 年 10 月 20 日，王会悟在北京病逝，享年 96 岁。

（**撰稿**：嘉兴职业技术学院　邹建良）

感悟与思考

有哲人说：“人生是一座富矿，有待于自身去开采。”王会悟就是一个主动去开采自己人生富矿的人。她不是党员，但把党的事当作自己的事；她不是代表，但做的事比有些代表还多。正是因为王会悟的这种主动作为，使她成为中国共产党历史上的一位“名人”。亲爱的同学，读了王会悟的故事，你得到什么启发呢？

知识拓展

嘉兴南湖

南湖位于嘉兴市东南部，古代名滮湖、马场湖，又名东湖、东南湖，因东西两湖相连形似鸳鸯交颈，故又有“鸳鸯湖”之雅称，现有水域面积约 624 亩，水深 2 至 4 米。

南湖是浙江三大名湖之一，素以“湖中有岛，岛中有湖”的独特景观和“轻烟拂渚，微风欲来”的烟雨景致成为江南著名的旅游胜地。宋代诗人苏东坡三过嘉兴，留下了“闻道南湖曲，芙蓉似锦张。如何一夜雨，空见水茫茫”的诗句；民国元年（1912 年）10 月，孙中山曾来南湖游览，并在湖中烟雨楼假山前与各界人士合影留念。1921 年 8 月，中国共产党第一次全国代表大会在南湖的一艘画舫中完成最后议程，南湖由此成为中国共产党诞生地之一。

第二章 武装起义

1927 年 4 月 12 日，伪装成革命者的蒋介石突然撕掉面具，在上海发动了反革命政变。一时间，国民党反动派举起血淋淋的屠刀，杀向共产党人和革命群众。在上海，有 300 多人被杀，500 多人被捕，5000 多人失踪；在广州，有 2000 多人被捕，大批共产党员被害；在北京，李大钊等革命者被杀……轰轰烈烈的大革命失败了。

在关系党和革命前途命运的关键时刻，中共中央政治局于 1927 年 8 月 7 日在汉口秘密召开紧急会议（八七会议）。会议总结大革命失败的教训，讨论党的工作任务，确定了土地革命和武装反抗国民党反动派的总方针。出席这次会议的毛泽东在发言中突出地强调："以后要非常注意军事。须知政权是由枪杆子中取得的。"

为打击国民党反动派的嚣张气焰，唤起全国人民的革命信心，八七会议前后，中国共产党相继领导发动了南昌起义、秋收起义、广州起义等；之后，又领导发动了平江起义、百色起义等武装起义，翻开了中国共产党独立领导中国革命的新篇章。

在这些起义中，有很多革命故事值得我们记住、传扬……

❶ 力挽狂澜保火种

朱德是中国人民解放军和中华人民共和国的主要缔造者之一，伟大的军事家，十大元帅之首。他长期担任人民军队的最高领导，被称作“朱总司令”。为什么朱德在党内军内有如此高的威望，有如此高的地位呢？

下面这个故事就是朱德革命生涯中一个典型事例。

1927年8月1日，南昌起义爆发，打响了武装反抗国民党反动派的第一枪。南昌起义标志着中国共产党独立领导革命战争、创建人民军队和武装夺取政权的开端，开启了中国革命新纪元。之后，起义军按照原定计划，主动撤离南昌，南下广东，准备“先得潮汕、海陆丰，建立工农政权，后取广州，再举北伐”。

8月3日，朱德率领第九军教育团作为先遣队离开南昌，踏上南下广东的征程。9月19日，起义军在广东大埔县三河坝分兵，主力部队由周恩来、贺龙、叶挺、刘伯承等率领，奔赴潮汕作战；朱德率领所部约4000人留守三河坝，掩护主力进军潮汕。10月3日至6日，朱德指挥留守部队血战三昼夜，粉碎了敌人的重兵包围，阻击了数倍之敌的进攻，完成了中共中央前敌委员会交给的掩护主力的任务。为了避免部队更大伤亡，保存革命力量，朱德决定率领部队撤出三河坝，南下追赶起义军主力。

★八一南昌起义纪念塔

正当朱德把部队集中，准备南下时，与从潮汕地区撤退下来的一部分起义部队200多人相遇。他们向朱德报告：主力南下，汤坑一战惨遭失败，领导人已分散突围，全部南昌起义部队就剩三河坝这一千多人了。

官兵们听后十分震惊，不知所措。面对敌人围堵追击、与起义军领导机关失去联系的险境，很多人说："主力都没了，我们待在这干什么？散伙算了！"

眼看这支共产党领导的部队就要垮掉，关键时刻朱德站了出来，他召集军官们说："大家不要散，我们还有人有枪，一定有办法！"

10月7日，朱德率领部队到达广东饶平，在饶平县茂芝全德学校主持召开会议，20余名排以上干部全部参加。朱德鼓励大家说："你们许多人是参加过北伐的，打过许多胜仗，不要因为一时受了挫折就灰心丧气。留得青山在，不怕没柴烧。我们要保留好南昌起义的革命种子，要把实力保存下来！"

看到不少人还是没信心，朱德接着为大家鼓劲："起义军虽然失败了，但是八一起义这面旗帜不能丢，武装斗争的道路一定要走下去。"看到原本低着头的人都抬起头来，朱德继续说："我们一定要团结起来，把革命干到底！我有信心把这支革命队伍带出敌人的包围圈！"朱德异乎寻常的坚毅神态、铿锵有力的话语，深深地感染、激励了与会人员。

在朱德的感召下，陈毅、王尔琢等积极响应，并确定了"部队隐蔽北上，穿山西进，直奔湘南"的行动方针。

在饶平稍作休整后，部队向赣南进军。但部队一边走，士兵还是一边脱离队伍，走到江西安远天心圩时，一千多人的队伍"跑"得只剩下七八百人了。甚至很多高级干部或先辞后别，或不辞而别；师以上军事干部只剩朱德一人，政工干部一个不剩；团级军事干部只剩王尔琢，政工干部只剩陈毅。

面对官兵悲观失望、情绪低落、思想动摇的状况，朱德决定，在天心圩召开军人大会。大会上，朱德以俄国两次革命为例，说明中国革命虽然遭到像俄国1905年那样的失败，但终将迎来"1917年"那样的胜利，他引导大家看清中国革命的前途，不要为当前的失败而丧失信心。朱德激昂地说："虽然大革命是失败了，我们的起义军也失败了，但是，我们还要革命！要革命的跟我走；不愿继续奋斗的可以回家！不勉强！"

经过军人大会，大家统一了认识，士气开始高涨，朱德也成了官兵们心悦诚服的领袖。部队终于度过了最艰难的阶段。

部队继续前行，行至江西信丰，少数人破坏群众纪律的行为日益严重。为了整饬军纪、刹住歪风，10月23日，在信丰的新田、大屋下，朱德主持召开了排以上军官会议，决定整顿部队纪律，并成立"没收委员会"，没收地主土豪财物，以解决部队给养。25日，又在信丰源和召开全体军人大会，由陈毅向大家宣布纪律和处分违纪分子的决定。这些举措对部队震动很大，军纪明显向好。

10月底，朱德率部到达赣粤边境的大余县。他利用粤桂军阀混战、无暇追击起义军的时机，对部队进行整编。首先从整顿党团组织入手，重新登记党团员，成立党支部，选派部分优秀党员去基层担任指导员，对部队进行政治教育，加强党对部队的全面领导。其次对部队进行整编，将部队编为一个纵队，下辖七个步兵连和一个迫击炮连、一个重机枪连，暂称“国民革命军第五纵队”，朱德任司令员，陈毅任指导员，王尔琢为参谋长。其间，朱德还多次召开群众大会，向老百姓宣传革命纲领和革命目标，号召大家组织起来建立人民政权。

经过这次整编，部队精神面貌焕然一新，官兵们思想稳定、士气高涨，形成了一个比较巩固的战斗集体，虽然人数有所减少，但大家思想觉悟更高了，战斗力更强了，成为大浪淘沙保留下来的精华。

11月上旬，朱德率部来到湘粤赣三省交界的崇义。这里山峦起伏，民风淳朴，利于部队隐蔽游击。在控制这片山区后，朱德和陈毅着手对部队进行整训。首先是整顿纪律，规定募款和缴获全部要归公；其次提出了新战术，即从打大仗转变为打小仗，从打硬仗转变为有把握的仗就打，没有把握的仗就不打，开始向游击战争的方向转变。与此同时，以连、排为单位分散活动，帮助农民进行生产劳动，向群众宣传革命道理，发动他们打土豪。

经过两个多月的严格整顿，部队在思想上得到统一，组织上更加健全，军事训练更符合实战，形成了一个坚强有力的战斗集体。朱德终于把这支南昌起义留下的革命队伍带出绝境，使革命的火种得以保存，为日后进军湘南、会师井冈山奠定了坚实基础。

历史是块试金石。试想，如果不是朱德在南昌起义留存部队就要散伙的千钧一发之际，坚毅果敢地主动站出来，号召大家坚持到底；如果这批南昌起义留下来的七八百人不愿跟朱德走，而是一哄而散，中国的历史还是今天的样子吗？时势造英雄，还是英雄造时势，朱德用他的坚定选择，写下了一个永远值得思考的答案。

（**撰稿：**吉安职业技术学院　黄森文）

感悟与思考

朱德一生跌宕起伏。早年他参加辛亥革命，当过滇军旅长，任过云南陆军宪兵司令部司令官、云南省警察厅长，可谓春风得意、前途可期。五四运动后，他辞去官职，以大龄青年之身赴德国勤工俭学，加入中国共产党。回国后，他到四川旧军队做改造工作，参加南昌起义……面对人生起伏，他始终不改初心，追求理想。亲爱的同学，读了这个故事，朱德最感动你的地方是什么？

知识拓展

南昌起义

1927 年 8 月 1 日，在以周恩来为书记的中共中央前敌委员会领导下，贺龙、叶挺、朱德、刘伯承等率领党所掌握和影响的军队两万余人，在江西南昌打响武装反抗国民党反动派的第一枪。经过 4 个多小时的激战，起义军占领南昌城。随后，根据中央的计划，起义军撤离南昌，南下广东。

南昌城头的枪声，像划破夜空的一道闪电。南昌起义标志着中国共产党独立领导革命战争、创建人民军队和武装夺取政权的开端，开启了中国革命新纪元。自那时起，中国共产党领导下的人民军队，就英勇投身为中国人民求解放、求幸福，为中华民族谋独立、谋复兴的历史洪流，同中国人民和中华民族的命运紧紧连在了一起。

1933 年 6 月 30 日，中华苏维埃共和国中央革命军事委员会决定以发动南昌起义的 8 月 1 日为中国工农红军成立纪念日。7 月 11 日，中华苏维埃共和国临时中央政府予以批准。此后，8 月 1 日成为人民军队建军纪念日。

1949 年 6 月 15 日，中国人民革命军事委员会发布命令，以“八一”两字作为中国人民解放军军旗和军徽的主要标志。中华人民共和国成立后，将红军成立纪念日改称为中国人民解放军建军节。

2 砍了脑壳也要跟着共产党！

贺龙，1896年出生于湖南省桑植县的一个贫农家庭。他早年参加孙中山领导的中华革命党，曾以两把菜刀闹革命，在讨袁护国战争和护法战争中屡建战功，1925年2月被任命为建国川军第一师中将师长。1926年8月任国民革命军第九军第一师师长，率部参加北伐，逢战必胜，被称为“钢军”。1927年任国民革命军第二十军军长，全军万人，实力强大，各方势力竞相对他进行拉拢。汪精卫多次派亲信找到贺龙许以高位，劝他加入国民党。蒋介石更是开出了送500万光洋，外加一个汉阳兵工厂和武汉卫戍司令头衔的高价，对他进行收买。面对种种诱惑，贺龙始终不为所动。他在思考，中国虽然革命多年，仍是军阀割据、民不聊生的一片乱局，这是为什么？他不禁发问：“我走的路子对么？”

其实早在1921年，“共产党”这个词就在贺龙的脑海里留下了深刻印象，此后他一直在寻找共产党，并通过学习、分析和研究，由衷地发出“只有找到共产党，救国救民才有希望”的感叹！在北伐战争中，贺龙终于得到了与共产党近距离接触的机会，他多次提出入党申请，但始终未能如愿。

1927年7月初，贺龙第一次见到了周恩来，他紧紧握住周恩来的手，激动地说：“我一直追求能让工农大众过上好日子的政党。最后，我认定中国共产党是最好的，我服从共产党的领导，只要共产党相信我，我就别无所求了。”

为挽救革命危局，1927年7月20日，中共中央决定在南昌举行武装起义。7月23日，中央政治局委员谭平山根据贺龙一直以来对党的认同与向往的表现，决定将举行南昌起义的消息告诉他，并希望他率部参加起义。贺龙听后立即表态：“我贺龙感谢党中央对我的信任，也感谢你把这样重大的机密告诉我。我只有一句话，赞成！我完全听从共产党的指示。”

7月27日，贺龙率领第二十军抵达南昌。28日，中共前敌委员会书记周恩来专程来到第二十军军部拜会贺龙，就起义相关问题征询他的意见，并郑重宣布，前敌委员会决定任命他为起义军总指挥。贺龙听了震惊万分，激动得连话都说不出来，紧紧握住周恩来的手，只说了一句话：“我完全听共产党的命令，党要我怎么干就怎么干！”

7月31日，起义到了关键时刻。贺龙召开第二十军团以上军官会议，亲自作动员，宣布了三条意见：第一，国民党已经叛变了革命，我们今天要重新树起革命的旗帜，打倒蒋介石，打倒汪精卫。第二，愿意跟我走的，我们一块革命，不愿跟我走的，可以离开部队。第三，我们今后要听从共产党的领导，绝对服从党的命令。贺龙的讲话得到军官们一致拥护。接着，贺龙宣布了作战命令。

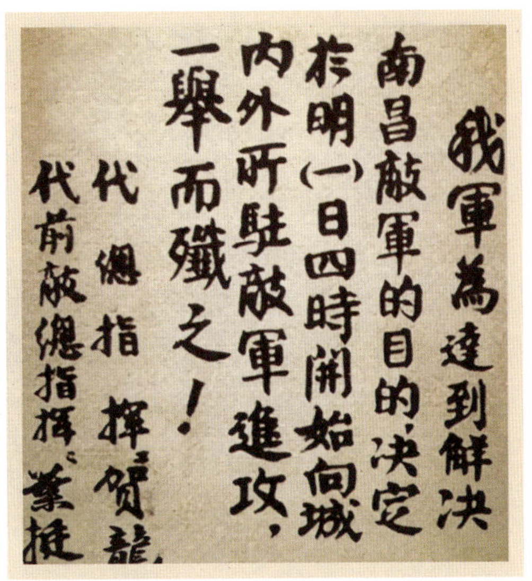
我軍為達到解決南昌敵軍的目的，決定於明(一)日四時開始向城內外所駐敵軍進攻，一舉而殲之！

代總指揮 賀龍

代前敵總指揮 葉挺

★1927年7月31日，贺龙、叶挺共同签署由叶挺起草的《作战命令》

8月1日凌晨2时许，南昌起义的枪声打响，贺龙进抵战场一线指挥战斗。在战斗最激烈、最难攻打的敌军朱培德指挥部前，面对敌人6挺机关枪的疯狂扫射，贺龙与刘伯承就站在离敌人不到200米的石阶上沉着指挥。经过4个多小时的激战，起义军占领了南昌城。

南昌起义爆发后，国民党反动派大为震惊，蒋介石和汪精卫联合起来，调集数万军队对起义军进行“围剿”。8月3日，起义军按照中央在起义前的决定，开始撤离南昌，南下广东。

一路上，敌人围追堵截，战斗异常惨烈，大批将士牺牲，一些非共产党员将领和士兵叛逃，部队还没到江西瑞金就损失过半。在这样异常艰难的处境下，贺龙依然没有放弃入党的信念。一路上，他反复对周恩来说：“让我入党吧，我已经把一切都交给了共产党，党叫我怎么办我就怎么办！”

1927年8月27日，党组织终于接受了贺龙的入党申请。在江西瑞金锦江中学内，贺龙端坐在板凳上，接受谭平山和周逸群对他入党前的调查询问。当问到还有多少财产和社会关系时，贺龙坦诚地说：“我什么都没有了，以前的社会关系参加革命后都不来往了。”经谭平山和周逸群介绍，贺龙终于

★南昌起义领导人群像雕塑（右二为贺龙）

如愿以偿，加入了中国共产党。入党后，贺龙对官兵公开宣布："过去没有参加共产党时，我带的军队是我的。今天，我加入了中国共产党，连我的脑壳都是党的，党要我怎么做，我就怎么做！"

起义军占领瑞金后继续南下，与敌人的战斗也愈加惨烈，损失愈加惨重。1927年10月3日，起义军主力到达广东普宁县流沙镇时，只剩一千多人。为鼓舞士气，确定下一步行动，起义军召开了流沙会议，传达了八七会议精神，决定撤下国民党的旗帜，打出红旗，保存力量，长期斗争。面对日益艰难的斗争形势，贺龙坚定地说："我要干到底！就让我回湘西，我要卷土重来！"会议结束不久，部队又遭到敌人袭击，被彻底打散。贺龙与其他起义领导人被迫分散转移。

1928年春，辗转多地的贺龙仅带着几个人回到湘西老家。他在那里发动群众，组建革命武装，开始又一次革命创业。

在召集队伍时，他说："我贺龙把共产党看作救星，就是把我脑壳砍了，我也要跟着共产党走到底！不信你们看吧，共产党一定成功，国民党一定垮台！"很多人被他坚定的革命意志和信念所感染，仅过二十多天，一支拥有

3000多人的队伍就组建起来了。他们高举工农革命的大旗,开始了发动群众、打土豪、建立革命政权的工作。3月下旬,贺龙带领这支队伍,在湘西桑植县发动武装起义,一举攻占桑植县城,成立了中共桑植县委,并着手建立革命政权,发动群众,改编部队。4月初,在国民党军反扑时作战失利,队伍大部失散。7月,任中共湘西前敌委员会书记和重新组建的中国工农红军第四军军长。后历经浴血奋战,成功开辟了湘鄂西革命根据地,点亮了与井冈山根据地交相辉映的红色星火,最终汇成燎原大火,燃遍神州大地,照亮了全新的中国。

(**撰稿**:江西卫生职业学院　王卓)

感悟与思考

贺龙在参加南昌起义前是一个实力派人物,如果跟着国民党走可以有享不尽的荣华富贵。可是,他却执意要跟着共产党干到底,即使砍去脑壳也不改变追求。亲爱的同学,你对贺龙的这种选择是怎样理解的?

知识拓展

国民革命军

1924年,孙中山在广州创立黄埔军校。1925年7月,广州国民政府成立。8月,国民政府军事委员会将辖下各地方军队名目取消,统一更名为国民革命军。南昌起义部队大部分属于国民革命军序列。

贺龙领导的国民革命军第二十军,前身是黔军第九军一部。1926年7月,贺龙在湘西北率部起义,响应北伐,被编入黔军第九军第一师。1927年2月,国民革命军总司令部下令将贺龙所属第一师改编为独立第十五师,脱离黔军建制。同年6月,武汉国民政府决定将独立第十五师扩编为国民革命军第二十军,隶属第二方面军,贺龙任军长,周逸群任政治部主任,陈图南任参谋长。

③第一面军旗的诞生

在秋收起义修水纪念馆里，收藏着七枚略微生锈的铜元。这是1927年秋收起义部队付给裁缝朱菊英制作军旗的工资，一共10枚，她一直珍藏着，临终前传给了子女。1977年，秋收起义修水纪念馆建立后，朱菊英的子女将保存的7枚铜元捐赠给纪念馆收藏。

朱菊英是江西省九江市修水县的一名裁缝。1927年9月8日，秋收起义爆发前夕，修水县总工会委员长徐光华请来朱菊英和梁幼陶、祝东海等裁缝，在县商会南侧的熊氏宗祠，连夜赶制100面红旗和大批红领带、红袖章。由于工作量大，许多参与制作的裁缝累得头都抬不起来，但没有一个人退缩，最终胜利完成了任务。

红旗、袖章制作完之后，部队给裁缝们发工钱。裁缝们都说为了革命，这钱不能收。最后在部队官兵解释工农革命军严明的纪律之后，他们才肯每人收下10块铜板。他们连夜赶制出来的红旗正是中国共产党打出的第一面红色旗帜。

1927年大革命失败后，国民党反动派残酷镇压革命活动，集中一切反革命势力向共产党人和革命群众进攻。从1927年4月至1928年上半年，被杀害的共产党员和革命群众达31万多人，其中共产党员2.6万多人。

★1927年秋收起义部队付给裁缝朱菊英制作军旗的劳动报酬——铜元（正反面）

面对反革命的血腥屠杀，“中国共产党和中国人民并没有被吓倒，被征服，被杀绝。他们从地下爬起来，揩干净身上的血迹，掩埋好同伴的尸首，他们又继续战斗了”。1927年8月7日，中共中央政治局召开紧急会议（八七会议），会议决定，以武装的革命反对武装的反革命。

八七会议后，中央派毛泽东为特派员，在工农运动基础较好的湘鄂粤赣四省领导农民秋收暴动。毛泽东在给中央的信中建议：“我们不应再打国民党的旗子了。我们应高高打出共产党的旗子，以与蒋、唐、冯、阎等军阀所打的国民党旗子相对。国民党旗子已成军阀的旗子，只有共产党旗子才是人民的旗子。”

1927年9月初，毛泽东在江西萍乡安源张家湾主持召开湘赣边界秋收起义的军事会议。会议决定将参加起义的部队约5000人统一编为工农革命军第一军第一师，毛泽东任前敌委员会书记，卢德铭任总指挥。当时，起义部队里既有国民革命军，又有工人、农民。

前委把设计军旗的任务交给了起义军师部。师部参谋何长工、参谋处处长陈树华和副官杨立三接受了设计军旗的任务。他们三人在修水县商会东厢房一张宽大的八仙桌上，开始讨论设计方案。何长工根据在法国勤工俭学时见过的苏联红军旗样，提出了设计方案，经过陈树华、杨立三的反复修改，终于设计出工农革命军第一军第一师军旗：旗底为红色，象征革命；旗中央的五角星代表中国共产党；五角星内镶着镰刀和斧头，代表工人农民，意为工农革命军第一军第一师是中国共产党领导的工农武装；旗杆旁边的白布条上写有“工农革命军第一军第一师”的墨字。在画五角星时，由于没有工具，他们总是画不好。还是何长工在留法期间学了一点儿几何知识，五角星由他画成；杨立三的正楷字写得好，旗杆旁的“工农革命军第一军第一师”由杨立三所写。经过他们的努力，一面庄重、神圣、鲜艳、凝聚工农革命意义的军旗就这样诞生了。

9月9日，驻守在修水的工农革命军第一军第一师师部及所属第一团率先打出“工农革命军”的鲜艳红旗。部队在修水县城紫花墩举行誓师大会，高呼“红色领带系在颈，只顾死来不顾生”的口号，打响了秋收暴动的第一枪。那面写有“工农革命军第一军第一师”的军旗，也就成了中国共产党打出的第一面红色旗帜。

★工农革命军第一军第一师军旗诞生处（秋收起义修水纪念馆）

毛泽东在起义行军途中创作了著名的《西江月·秋收起义》:“军叫工农革命，旗号镰刀斧头。匡庐一带不停留，要向潇湘直进。　地主重重压迫，农民个个同仇。秋收时节暮云愁，霹雳一声暴动。”① 该词真实记录了工农革命军第一军第一师官兵在军旗的引导下，不怕牺牲，同仇敌忾，向国民党反动派勇敢发起武装反抗的气势和决心。

1958 年，何长工曾经这样评价这段历史 :“从此，在中国，在东方，就有了红旗和白旗的对立，有了红军和白军的对立，在后来有了红色革命根据地和白色政权的对立。”

今天，当我们在秋收起义纪念馆里看着那 7 枚发旧的铜板时候，我们总能想起军民血浓于水的深情，想起秋收起义所凝聚起来的中国共产党人“坚定信念，不怕牺牲，艰苦奋斗，敢为人先，勇于开拓”的精神，想起那些参

---

① 毛泽东曾对该词做过修改。它首次面世时，“匡庐”为“修铜”，“潇湘”为“平浏”。

加秋收起义的革命先辈：

卢德铭，四川自贡人，秋收起义总指挥、前敌委员会委员。1927 年 9 月底，毛泽东、卢德铭率领秋收起义部队向罗霄山脉实行战略转移途经江西萍乡芦溪时，遭到国民党反动派军队袭击。卢德铭为掩护主力部队撤离，率部阻击敌人，不幸壮烈牺牲。

罗荣恒，湖南衡山（今衡东）人。参加秋收起义时 25 岁，任工农革命军第一军第一师第一团特务连党代表。1955 年被授予元帅军衔。

谭政，湖南湘乡人。参加秋收起义时 21 岁。三湾改编时，被编入工农革命军第一军第一师第一团，任团部书记。1955 年被授予大将军衔。

刘先胜，湖南湘潭人。参加秋收起义时 17 岁，任工农革命军第一军第一师第二团排长。1955 年被授予中将军衔。

王耀南，江西萍乡人。参加秋收起义时刚 16 岁，任工农革命军第一军第一师第二团爆破队副队长。1955 年被授予少将军衔。

…………

正是这些革命先辈抛头颅，洒热血，才推翻了黑暗的旧社会，建立了新中国，为国家富强、人民幸福铺平了道路。

（**撰稿**：湖南国防工业职业技术学院　王鸿）

感悟与思考

英国哲学家培根说：“世界上有许多做事有成的人，并不一定是因为他比你会做，而仅仅是因为他比你敢做。”当年，毛泽东率领湘赣边界秋收起义部队，向势力强大的国民党反动派发起武装反抗，没有敢作敢为的勇气是不行的。今天，我们新时代青年面对中华民族伟大复兴的伟大事业，也需要敢为人先的闯劲。亲爱的同学，看了这则故事，你有什么感悟呢？

知识拓展

湘赣边界秋收起义

秋收起义是毛泽东在湘赣边界领导的一次武装起义。

轰轰烈烈的大革命失败后，1927年8月7日，中共中央在汉口召开紧急会议，决定在群众基础较好的湘鄂粤赣四省发动秋收起义。9月9日，湘赣边界秋收起义爆发，参加起义的有国民革命军、工人和农民等约5000人，分三路向敌人进攻，意图攻取长沙。由于敌强我弱、麻痹轻敌、有人叛变等原因，三路起义部队均受挫。毛泽东当机立断改变攻打长沙的计划，率部队退到浏阳文家市集中，主持召开前委会议，决定到敌人统治力量薄弱的农村山区寻找落脚点。会议经过激烈争论，通过了毛泽东的意见，决定起义军撤离湘东地区，向南转移。经过三湾改编，起义部队进至罗霄山脉中段的井冈山。从此，这支起义部队在中国共产党和毛泽东的领导下，展开了创建井冈山革命根据地的伟大斗争。

湘赣边界秋收起义第一次在武装斗争中公开打出中国共产党的旗帜，进一步在全国人民面前表明了中国共产党独立领导革命战争的决心。从进攻大城市转到向农村进军，这是中国人民革命发展史上具有决定意义的新起点。

4 刑场上的婚礼

90多年前的1928年2月6日，在广州红花岗（现称黄花岗）国民党反动派枪杀共产党员的刑场上，周文雍、陈铁军两位年轻的革命者，面对敌人的枪口，真挚地向彼此表白爱情，从容不迫地举行了一个亘古未有的刑场上的婚礼，成为共产党人忠于爱情、忠于革命事业的典范。他们的感人事迹一直广为流传，被后人赞颂。

★周文雍烈士和陈铁军烈士

周文雍、陈铁军两位烈士的爱情故事，还得从风起云涌的大革命说起。

周文雍，广东开平人，1905年8月生于一个贫穷塾师家庭，1925年加入中国共产党，是广州工人运动领袖之一，也是广州起义的主要领导人之一。

陈铁军，原名陈燮君，广东佛山人，1904年生于一个华侨糖业富商家庭，1924年秋考入广东大学（后改名中山大学）文学院预科。求学期间，她积极追求进步，铁心跟共产党走，将原名燮君改为铁军，1926年4月加入中国共产党。

1927年4月，蒋介石在上海发动了四一二反革命政变，广东的国民党反动派也突然对共产党和革命群众举起屠刀，大批革命者惨遭杀害，白色恐怖笼罩整个广州。

周文雍从事党的地下工作，单身汉的身份很容易引起反动派的怀疑。时任中共两广区委妇女委员的陈铁军，受党组织的派遣，装扮成周文雍的妻子和他共同生活，以掩护和协助他准备广州起义。他们在广州拱日路租了一间房子，建立了党的秘密机关，领导工人进行斗争。

12月11日，广州起义爆发后，成立了广州苏维埃政府。周文雍任广州苏维埃政府劳动委员和工人赤卫队总指挥。因敌众我寡，起义失败，周文雍带领一支赤卫队，杀出一条血路，带领起义军撤离广州。战事紧急，周文雍和陈铁军只能互道珍重，分别暂避香港。

1928 年 1 月，周文雍当选为中共广东省委常务委员兼广州市委常务委员。周文雍与陈铁军潜回广州，重建党的机关，生活上仍然假扮夫妻。在长期的革命斗争中，他们俩逐渐产生了真挚的爱情。

早在 1927 年 11 月，周文雍带领群众在街头游行时被警察逮捕，陈铁军日夜挂念，想方设法进行营救。当陈铁军发现周文雍没有暴露身份时，便以“妻子”的身份探监，偷偷送进许多红辣椒。周文雍吃后满脸通红，如同高烧一样说胡话。陈铁军又发动同监难友抗议监狱的非人道管理，并疏通狱医为周文雍称病说情。监狱当局只得把周文雍送进医院。地下党马上组织营救，用计支走看守，将周文雍从医院“抢”了出来。养伤期间，陈铁军像妻子一样对周文雍日夜照顾，他们的爱情日益深厚。但是，由于环境险恶，工作繁忙，他们一直没有向对方表白，他们把对彼此的爱深深埋在心底，在“家庭”中始终保持纯洁的同志关系。

1928 年春节前夕，由于叛徒出卖，周文雍、陈铁军同时在寓所被捕。广州市警察局长朱晖日以为“钓到了一条大鱼”，可以得到很多情报，于是亲自提审他们。但周文雍和陈铁军什么也不说。朱晖日气急败坏，对周文雍施以“放飞机”“坐老虎凳”“插指心”等种种酷刑，周文雍几次被折磨得昏厥过去，却始终不吐露任何机密。陈铁军面对各种威逼利诱也毫不动摇，只关心“丈夫”的身体情况。

★周文雍和陈铁军狱中合影

敌人无计可施，就判处周文雍与陈铁军死刑，并假惺惺地问周文雍有什么要求。周文雍决定将埋藏在心底的爱情公之于众。他提出要与陈铁军合拍一张照片，作为他们爱情的见证和给同志们永别的留念。于是，在牢房外的铁窗下，周文雍穿着抓绒西装，右手因受刑而显得有些僵硬；陈铁军披着宽围巾，双手插在裤袋中，他们并肩而立，拍下了这张革命的狱中定情照。

1928 年 2 月 6 日，农历正月十五，周文雍和陈铁军的最后时刻到了，他们被国民党反动派押往广州红花岗刑场。沿途他们高喊革命口号，高唱《国际歌》，昂首挺胸，视死如归，感动得街道两旁许多市民掩面哭泣。刑场上，他们向围观的群众作了最后一次演讲。陈铁军高声宣布："我和周文雍同志假扮夫妻，共同工作和战斗，建立了深厚的感情。由于专心工作，我们没有时间谈个人的感情。现在，我们要结婚了，就让国民党反动派的枪声，来作

★周文雍、陈铁军烈士陵园

为我们结婚的礼炮吧！"他们同声高呼："同志们，永别了，希望你们勇敢战斗！未来是属于我们的！"

周文雍和陈铁军这场在刑场上举行的特殊婚礼，是何等的英勇，何等的悲壮！他们用共产党员的崇高气节告诉人们：爱情不仅仅是花前月下的卿卿我我，更是志同道合的理想追求；不是金钱物质享受，而是为人民的利益献出一切。他们光芒熠熠的名字，永远镌刻在党的史册上，留在人民的心中！

如今，在广东省开平市周文雍的家乡，矗立着一座周文雍、陈铁军烈士陵园。每逢清明节，当地人都会来吊唁这对不凡的革命夫妻。

（**撰稿：**深圳职业技术学院　李强）

感悟与思考

现在，很多年轻人的爱情往往与对方有没有房、有没有车、收入是多少联系在一起。亲爱的同学，当你看到周文雍、陈铁军的爱情故事时，你有受到触动吗？最令你震憾的是什么？

知识拓展

广州起义

1927 年 12 月 11 日，在张太雷、叶挺、叶剑英、黄平、周文雍等领导下，广州市的工人、农民和革命士兵举行反抗国民党反动派的武装起义。经过几个小时的激战，起义军占领广州的绝大部分市区。随即成立了以苏兆征为主席的广州苏维埃政府，并颁布了《广州苏维埃宣言》《告民众书》以及其他法令。

不久，国民党军阀在英、美、日、法帝国主义的军舰和陆战队支援下，向起义军反扑。起义军和工农群众进行了顽强抵抗，但终因力量悬殊，起义遭到失败，张太雷和许多起义者英勇牺牲。

广州起义是中共广东省委贯彻八七会议精神，在中共中央指示下，领导广州地区工农群众和革命士兵进行的一次大规模的暴力革命，是中国共产党继南昌起义和湘赣边界秋收起义之后，对国民党反动派的又一次英勇反击，是在城市建立苏维埃政权的大胆尝试。

这次起义虽然失败了，但起义军和工农群众的英勇战斗，不怕牺牲的革命精神，给了中国人民以新的鼓舞，在中国人民革命斗争史上写下了光辉壮丽的一页。

5 开膛破肚心不变

在大别山革命老区，只要提起秦绍勤，人们都会竖起大拇指："那才是真正的共产党员！"

秦绍勤，1906 年出生在湖北黄安（现称红安）七里坪福德院墙村一个贫苦农民家庭。因家境贫寒，他仅读了 3 年私塾便辍学，帮助父亲租种佃田养家度日，16 岁经人介绍到七里坪一家药店当学徒。因饱尝人间的艰辛与苦难，看到世道的不公与残忍，他的心中深深埋下了对恶霸地主、土豪劣绅仇恨的种子。

★秦绍勤烈士（画像）

1925 年，秦绍勤在姨父邹香山的指引下，走上革命道路，并加入中国共产党。他先后当选为七里坪工会负责人和七里区农民协会主席。他在七里坪工人、店员中开展革命宣传活动，带领工人反对黑心资本家剥削，并从药店借钱，打造了一批大刀长矛，武装工人纠察队；深入农村，发动农民起来革命，组织贫苦农民成立农民协会，打土豪，分田地，深得穷人的信任和拥护。1927 年，在黄安九月暴动中，他带领工人暴动队，用铜匠师傅自制的单响撇把子枪，镇压了充当国民党反动政府爪牙、撕毁革命标语的七里坪商会会长。

1927 年 11 月 13 日，秦绍勤参加了黄麻起义。他遵照党的指示，留在七里坪一带坚持斗争。12 月初的一天，秦绍勤按照约定，到一个秘密联络点，研究夺取敌人武器计划，被国民党"清乡团"密探发现，遭到逮捕。敌人知道秦绍勤是共产党的干部，便在他身上做文章，企图将七里坪地区的共产党一网打尽。住在县城的敌师长闻清霖连忙赶到七里坪，先是大摆酒宴，进行劝降；然后，拿出重金，加以收买；再后，送上美女，以色利诱，希望秦绍勤供出地下党组织和起义军动态。秦绍勤面对敌人的酒宴、金钱和女色，始

★秦绍勤从事革命活动的店铺

终一身正气，不为所动。闻清霖气得七窍生烟，亲自出马提审，并把秦绍勤的母亲、妻子抓来“陪审”。

“你为什么要加入共产党？”闻清霖问。

“老子就是要加入共产党！”秦绍勤轻蔑地回答道。

“你们组织有多少人？”敌师长提高了嗓门。

“只有我一个！”

“秦辉英（区委负责人）跑到什么地方去了？”

“不知道！”

“你真的不怕死吗？”敌师长歇斯底里地吼道。

“怕死不当共产党！”秦绍勤坦然回答。

闻清霖气急败坏地喝令打手，将秦绍勤按倒在地，拳打脚踢，以死相威胁。秦绍勤挣扎着从地上爬起来，大声呵斥敌人：“你们这些人面兽心的家伙，杀我人民，害我百姓，把你们千刀万剐，也难解我心头之恨！我是革命者，生是革命人，死是革命鬼，要我招供，休想！”

敌人恼羞成怒，将一块铁板烧得通红，往秦绍勤裸露的前胸用力一贴，然后使劲一按，再猛地一揭，秦绍勤的前胸就被揭下一层皮，露出血淋淋的骨肉。敌人又在他的伤口洒上盐和辣椒水，秦绍勤被折磨得昏死过去。在10多天的时间里，敌人各种刑罚都用尽了，就是撬不开他的嘴巴。

12月19日，敌人把秦绍勤绑赴七里坪北门外，找来一块大门板，用两寸长的铁钉将他的手脚钉在门板上，立在倒水河边的堤岸上。面对敌人的残暴，秦绍勤大义凛然，威武不屈。敌人没有任何指望了，就在倒水河的对岸，架起机枪，向秦绍勤扫射，还残忍地将其剖腹挖心……

★秦绍勤牺牲的七里坪北门外

秦绍勤牺牲时年仅21岁。当地群众被秦绍勤的革命精神和坚强意志所震撼，编了一首歌谣：英雄秦绍勤，开膛剖肚在北门，宁愿自己死，不连累别人。

这首歌谣是对英雄壮举的赞颂，也是对英雄不怕牺牲，为理想而献身的颂扬。英雄用自己短暂的一生，践行了“生是革命人，死是革命鬼”的诺言。

（**撰稿**：黄冈职业技术学院　朱元锋　郑柏松）

感悟与思考

革命战争年代，共产党员冲锋在前，牺牲在前。因此人们说："共产党员是用特殊材料制成的。"看了秦绍勤的故事，我们不仅被反动派的残忍所震惊，更为秦绍勤绝不屈服的气节所震撼。亲爱的同学，今天的我们要向秦绍勤学习什么呢？

知识拓展

鄂豫皖革命根据地

英雄秦绍勤开膛剖肚宁愿自己死，不连累别人的故事，就发生在鄂豫皖革命根据地。

1927 年 11 月，湖北黄安、麻城农民自卫军发动武装起义，成立了黄安农民政府和工农革命军鄂东军，1928 年 7 月改编为中国工农红军第十一军第三十一师，创建了鄂豫边根据地。1929 年 5 月，鄂东北特委与豫东南特委发动了商南起义，成立了中国工农红军第十一军第三十二师，建立了豫东南根据地。1929 年秋，中共安徽临时省委在皖西六安、霍山组织农民起义，建立了以金寨为中心的皖西根据地。1930 年 6 月，鄂豫皖第一次工农兵代表大会在河南省光山县召开，成立了鄂豫皖特区苏维埃政府，标志着鄂豫皖革命根据地形成。

鄂豫皖革命根据地位于湖北、河南、安徽三省交界的大别山区，全盛时期占有 20 余县，拥有 350 万人口，主力红军达 4.5 万人，地方武装和民兵 20 余万人。

6 大娘用儿子换将军

王树声，湖北麻城乘马岗项家冲人，1955 年被授予大将军衔。革命战争年代，在王树声的身上发生了一件大娘用亲生儿子替他牺牲的故事。

黄麻起义失败后，工农革命军鄂东军转入木兰山坚持斗争。王树声带领游击小分队，继续在黄麻北部坚持战斗，后来小分队也被敌人打散。为了寻找党组织和鄂东军主力，王树声化妆成农民，四处打探消息。

1928 年 5 月的一个深夜，王树声悄悄潜回麻城西张店，不料被敌人发现。“叭叭叭”的枪声划破了寂静的夜空，接着狗叫声、喊杀声、追赶声四起，惊醒了劳动一天、浑身酸痛、难以入睡的周大娘。

周大娘一骨碌翻身下床，把耳朵贴在门上，想听听外面的动静。

“别让王树声跑了！抓住王树声赏大洋两百！”一个破嗓音从街那头传来。

周大娘一惊，心提到了嗓子眼：“不好，要抓树声啊！”周大娘急忙走出房间，从院门探出半个身子。只见一个熟悉的身影从她眼前一闪，王树声正急切地想找个地方隐蔽起来。

周大娘轻轻叫了一声：“树声，快跟我来！”

王树声停住了脚步，看到周大娘熟悉的面孔，急忙跑过去，轻轻叫了声“大娘！”

周大娘二话没说，一把将他拉进家门，迅速将王树声藏在柜子后面的夹墙里。

追赶的敌人，突然不见了王树声的影子，一个个恼羞成怒，挨家挨户搜查，还把全街的老百姓都赶到街头的大柳树下，威胁说，有人敢窝藏王树声，就把这里变成无人街。老百姓没有回应，疯狂的敌人架起机枪，就要血洗西张店，形势万分危急。

周大娘眼看敌人又要杀害无辜百姓，不禁想起黄麻起义后被敌人杀害的丈夫，想起敌人一次就杀害几百个乡亲的惨景，禁不住义愤填膺。但理智告诉她不能冲动，必须想办法应对眼前的局面，否则不仅救不了王树声，还会又一次伤害百姓。

于是，周大娘从人群中站了出来，不慌不忙地说："王树声就藏在我家里！"

敌人听了喜出望外，赶忙派了十多个人，持枪来到周大娘家，捉拿王树声。

眼看敌人就要进屋了，周大娘急中生智，绘声绘色地说："王树声带着双枪，他的双枪可是一打一个准呢！我们还是想个办法吧。"

敌人闻听吓得不敢进屋。周大娘赶忙献计："老总，你们先躲在门外，我进去把他哄出来，你们再抓。"敌人连声说好。

周大娘进屋后，对夹墙里的王树声轻声说："敌人已经走了，就怕他们守在街头抓你，让你政道哥去打探一下消息吧。"说着拉起儿子政道就往外走。

王树声急忙说："外面太危险，我自己去吧！"

周大娘急了："你是游击队的党代表，万一出了事，百姓的仇谁来报？政道去探路，即使被敌人抓住，一问不是王树声，大不了挨顿打就完了！"王树声哪里知道，周大娘这是用自己的亲儿子来换他的命啊！

政道刚一出门，就听一阵敌人"不许动！绑起来！"的凶狠呵斥声传来。王树声明白了一切，急着要往外闯去救人。周大娘死死地拉住他说："我不能再把你搭进去，你还是想别的办法吧！"王树声只好挥泪告别周大娘，消失在沉沉的黑夜中。

后来，王树声跟随部队南征北战，可他心里一直惦记着周大娘。1951年春天，身经百战、九死一生的王树声回到了魂牵梦绕的家乡。当他得知，当年在他走后的第二天，周大娘的儿子政道被残忍的敌人割下头颅，悬挂在大柳树上示众，敌人还放火烧了大娘的房屋时，将军心如刀绞。大娘的二儿子在黄麻起义时壮烈牺牲，三儿子也永远倒在长征路上，大娘三个儿子都献给了革命，自己孤苦伶仃，艰难的岁月何以为生？他一定要找到周大娘。

一天中午，警卫员来报："首长，有位大娘找您。"将军赶忙起身相迎，只见小河对面，一个老人蹒跚走来。王树声抬起腿就趟进了近膝深的河水，跌跌撞撞地向对岸奔去。

可是，近在咫尺的周大娘却认不得将军了，大娘的眼睛哭瞎了。将军"扑通"一声跪在周大娘面前，颤声叫道："娘……我是树声啊……"大娘一把抱住将军，用不听使唤的手，摸着将军的脸，"树声，你可回来了……"将军和大娘抱着哭成一团，“娘，别叫我树声，就叫我政道吧，以后我就是您老的亲儿子……”

从此大娘不再孤独，她有了一个令她骄傲和自豪的儿子，她的儿子是共和国的大将；从此，少年丧母的王树声又有了一个白发娘亲，一个为革命献出三个儿子的革命母亲。他们母子相聚，其乐融融，直到周大娘 1959 年去世。他们演绎的是共产党与群众心连心的血肉深情。

（**撰稿**：黄冈职业技术学院 郑柏松 朱元锋）

感悟与思考

在革命战争年代，周大娘愿意用自己的亲生儿子代替红军将领王树声去牺牲。亲爱的同学，请你想一想，老百姓为什么愿意不计代价帮助共产党呢？老百姓与共产党为什么有这么深的感情呢？

知识拓展

黄麻起义

黄麻起义是中国共产党在蒋介石发动四一二反革命政变后举行的重要起义之一。

1927 年 11 月 13 日，中国共产党领导湖北省黄安、麻城两县农民举行武装起义。黄安、麻城两县三万余农民自卫军和义勇军，在党的八七会议精神指引下，在中共湖北省委领导下，攻打黄安县城，在鄂豫皖地区举起了武装反抗国民党反动派的旗帜，正式成立了黄安县农民政府，组建了工农革命军鄂东军，史称黄麻起义。

7 两枚扣子做党费

党费是党员向党组织交纳的，用于党的事业和党的活动的经费。但你有没有听过，一个人在临死前，最挂念的事是再给党交一次党费，而且是用衣衫上的扣子交党费？这事还得从红七军第二十一师政治委员陈洪涛说起。

★陈洪涛烈士（画像）

陈洪涛，原名陈素华，1905 年出生于广西东兰县武篆区旧州村的一个贫苦壮族农民家庭。他从小聪慧过人，勤奋好学，刚毅正直。有一次，他就读的武篆育才高等小学的校董为了讨好当地官僚，备下一桌丰盛的酒宴，并强令正在上课的学生去给那些官僚端茶点烟，把盏敬酒。陈洪涛听说此事后义愤填膺，立即联合同学进行抵制。

1924 年，陈洪涛考入广西省立第五中学，开始接触革命思想，并组织“东凤留邕色学会”，发动“援兰运动”，对抗反动校长，陈洪涛因此被迫退学。

1925 年春，陈洪涛回到家乡，任教于东兰高等小学。受五卅运动、省港大罢工的影响，陈洪涛组织师生游行示威，还组成了“学生救国团”，号召“青年同志团结起来，努力奋斗救中国”。

同年 12 月，在韦拔群、陈伯民的推荐下，陈洪涛到梧州宣传员养成所学习，1926 年加入中国共产党。

1929 年 12 月 11 日，百色起义爆发，右江苏维埃政府成立，陈洪涛当选为苏维埃政府委员。1930 年 11 月，红七军主力奉命北上，陈洪涛和韦拔群等人留守右江革命根据地继续斗争。

此时的右江地区，被桂系军阀和地方反动势力占领，革命陷入前所未有的严峻局面。为鼓舞同志们的革命士气，陈洪涛深入士兵做艰苦细致的思想

★百色起义纪念碑

工作，动员群众积极参加革命斗争，并以原红二十一师的番号重建红军，陈洪涛任师政委。红二十一师重新组建后，立即投入保卫和巩固根据地的斗争中，先后进行了三次反“围剿”战斗。

一天晚上，陈洪涛带着几名战士，突破敌人的包围，到右江下游开展游击活动，留宿在交通员廖炳权家。廖炳权见他身上带有不少钱，却只吃黄豆和青菜，就关心地劝道：“陈政委，你瘦得快成皮包骨了，出来一次不容易，应该好好补养一下身体，这也是为革命呀！”

陈洪涛却说：“我身上是有钱，但这是党的活动经费，一点也不能乱用。”廖炳权十分敬佩，赞叹道：“守着元宝，饿着肚子，只有共产党才能做到啊！”

1932年11月底，陈洪涛带领部队跳出敌人的包围圈，12月初到达波伏村，被叛徒王廷业出卖被捕。他被敌人押往百色，在人群中看到自己的同志，他不顾安危，对着人群大喊：“王廷业是叛徒，我们是被他出卖的，要提高警惕，防止叛徒出卖！”

在监狱里，陈洪涛面对敌人的各种酷刑，没有丝毫屈服。

一天，敌师长黄镇国设了一桌佳肴，“宴请”陈洪涛，还特意请来美女科长作陪。黄镇国举起酒杯对陈洪涛说：“老弟，今天请你来，愿我们化干戈为玉帛，化冤仇为友谊。”陈洪涛顿时站起身，一把掀翻桌子，怒呵道：“我们？友谊？我是革命者，你是杀人的刽子手，我们之间没有友谊，只有冤仇！”

黄镇国很没面子，佯装笑脸："别这样，老弟。党国是爱惜人才的，只要你交出中共百色地下党组织，我保证，以你的才干，必定高官厚禄，前途无量！"

★陈洪涛牺牲时情景（雕塑）

陈洪涛却嘲讽说："我的前途是革命，是消灭你们！革命一定会胜利，倒是你要给自己留条后路，免得哪一天死无葬身之地哟。"

敌师长还是不死心，又说："你这么年轻，就为了个虚无缥缈的共产主义而丢了性命，值得吗？"

陈洪涛昂首挺胸说："我们共产党人的理想信仰，岂是你们这些势利小人所能理解的！"

黄镇国见利诱不行，就进行严刑逼供。但陈洪涛即使被打得耳聋，打断手臂，仍然坚贞不屈。

威逼利诱行不通，严刑逼供没效果，黄镇国最后抓来陈洪涛的妻子潘小梅，想利用亲情让陈洪涛松口。

潘小梅看到遍体鳞伤的丈夫，伤心痛哭。陈洪涛劝导说："小梅，不要难过，不要哭，要坚强些，革命只能流血，不能流泪。咱们说好的，无论谁先倒下，活着的都要坚持斗争，无论遇到多大的凶险，也不能忘了在党旗前发出的誓言啊！"

说完，陈洪涛悄悄拿出珍藏的两枚银扣子，放到小梅手里，庄重地说："如果你能出狱，就设法把它交给党组织，作为我交的最后一笔党费！"

陈洪涛身处牢狱之中，随时都有牺牲的可能，他想到的不是自己的后路，而是尽自己所能，再交一次党费，这种对党毫无保留的忠诚怎不令人钦佩！

正如他在《狱中谣》中所写的：

站起来，我要坚强地站起来！
支撑着累伤的身躯站起来！
我要从铁窗里望出去，望遍黎明的世界。
…………
我这颗心，是右江人民的心，不屈的人们的心；
在横暴面前，魔爪的屠刀下，比铁打的还要坚强！
…………
我的头颅、生命和一切，我要鼓励它们坚强地站起来；
只有一个打算：死，但无所畏惧，把生命献给光明的世界！

1932年12月22日，陈洪涛被敌人押往百色西郊刑场。沿途，陈洪涛大声对群众演讲：“乡亲们，我是陈洪涛，我是共产党员！我走了，共产党还在，共产党领导的革命一定会胜利！大家要团结起来，坚持斗争，工农大翻身的那一天不远了！”

行刑时他高呼：“打倒蒋介石！打倒国民党反动派！中国共产党万岁！”

他为理想信念流尽了最后一滴血，生命永远定格在28岁。那是信仰、初心、使命和担当铸就的忠诚，那是忠诚于党的革命事业、忠诚于人民的解放事业、忠诚于中华民族伟大复兴事业的生命之歌，我们应该永远铭记他。

（撰稿：百色职业学院　邹明相）

感悟与思考

对党忠诚是共产党员最基本的政治素质。陈洪涛在临死前，最挂念的事是再给党交一次党费，没有钱，就把珍藏的银扣子交上。亲爱的同学，对陈洪涛的这种举动你怎么看？你能理解他的行为吗？

知识拓展

左右江革命根据地

1929 年 12 月，邓小平、张云逸、韦拔群等领导广西右江地区革命士兵和农民，在百色举行武装起义，建立了中国工农红军第七军和右江工农民主政府,张云逸任军长,邓小平任前委书记和政治委员。1930 年 2 月，邓小平、李明瑞、俞作豫等又领导发动了龙州起义，成立了红军第八军和左江苏维埃政府，俞作豫任军长，邓小平兼任政治委员，李明瑞任总指挥。至此，左右江革命根据地形成。

第三章 井冈星火

1927年9月9日，毛泽东领导和发动的湘赣边界秋收起义爆发了。在起义遭到严重挫折后，毛泽东果断改变攻打长沙的计划，率领工农革命军改向反动势力比较薄弱的湘赣边界山区进军。10月27日，工农革命军700余人到达井冈山区的茨坪。1928年2月，井冈山根据地初步形成，范围包括宁冈全县，以及遂川、永新、酃县、茶陵部分地区。1928年4月底，朱德、陈毅率领南昌起义留存部队和湘南农军到达井冈山，和毛泽东领导的工农革命军会师，成立了中国工农红军第四军。12月，彭德怀、滕代远率领湖南平江起义的红五军主力到达井冈山，井冈山根据地达到全盛时期，地域范围包括宁冈、永新、莲花、遂川、茶陵、酃县6县和井冈山，以及吉安、安福等县部分地区。1930年2月，井冈山根据地失守。

井冈山斗争时期，以毛泽东为代表的中国共产党人，把马克思主义理论与中国革命实际相结合，以极弱小的革命力量坚持武装斗争，开辟了农村包围城市、武装夺取政权的革命道路，如星星之火引燃了中国革命的燎原大火，成为中国革命走上正确道路，最后夺取全国胜利的起点。

在当年艰苦卓绝的斗争中，井冈山根据地军民前赴后继，浴血牺牲，48000多人英勇捐躯，谱写了惊天地泣鬼神的革命史诗，留下了许多可歌可泣的红色故事……

❶ 毛泽东当排头兵

毛泽东是伟大的无产阶级革命家、战略家、军事家，是中国共产党、中国人民解放军、中华人民共和国的主要缔造者。作为一位长期从事中国革命和建设事业的领导人，他管的都是关乎党和国家、军队、人民的大事，怎么有机会当兵，还当的是排头兵呢？

故事还得从当年毛泽东率领秋收起义部队上井冈山，克服各种艰难困苦说起。

1927 年 9 月 9 日，毛泽东领导领导发动了湘赣边界秋收起义。由于敌强我弱，在起义部队遭遇重大挫折后，毛泽东果断改变攻打长沙的计划，改向反动势力薄弱的农村山区寻找落脚点。起义部队经莲花、永新三湾，再到宁冈古城。10 月 22 日，毛泽东率领队伍，来到位于井冈山西南面的遂川县西北部山区大汾。部队刚驻守下，遂川县大地主、县靖卫团团总肖家璧就知道了消息。

肖家璧被当地百姓称为“肖屠夫”，集遂川县靖卫团团总、县清党委员会主席、县参议长等反动职务于一身，是遂川县的一霸，也是一个残害共产党员和革命群众、专与工农革命军作对的地方豪强。为了维护他的反动统治，他凭借兵强马壮，派人恶狠狠地威胁工农革命军，不准在大汾驻扎，不准进入遂川县境，如果不走，就要刀枪相见。

果然，第二天天刚蒙蒙亮，一阵杂乱的脚步声惊得村庄鸡飞狗跳，肖家璧带着四百多名靖卫团丁，向工农革命军驻地发动了突然袭击。

由于肖家璧团丁武器装备精良，又熟悉地形村貌，而工农革命军经过长途跋涉十分疲劳，再加上人生地不熟，仓促中被肖家璧的靖卫团打得七零八落。

战斗过后，担任前卫的三营与团部失去了联系。毛泽东只好率领团部、一营一连、特务连转移到井冈山南面的小镇黄坳，打算暂时驻扎下来，收集被打散的战士。这时部队清点人数，毛泽东身边只剩下特务连指导员罗荣桓、连长曾士峨等 30 多人。

★毛泽东（后排右三）与红军干部合影

连日的鞍马劳顿、日夜奔波，再加上吃了败仗，战士们疲惫不堪、士气低落。有的衣服破了、草鞋丢了；有的负伤了、脚崴了；有的唉声叹气、怨声连连。大家没精打采，稀稀落落地散坐在地上。

有的战士说："就剩下这几十号人了，还怎么革命？不如回家算了！"

有的战士附和道："是啊，反动势力那么强大，我们以后该咋办哪？"

到了吃中午饭的时候，炊事员愁眉苦脸地说："炊事用具在慌乱中全丢了，米也没了……"

大家又饿又乏，情绪十分消沉。毛泽东见状，鼓励大家说："同志们，打一个败仗不要紧，只要我们认真总结经验，多依靠群众，今后就一定会打胜仗！大家现在去向老乡买些吃的，吃饱了我们再前进！"

于是，战士们只好到附近村庄的老百姓家里，找来一些剩饭和泡菜辣椒准备将就着吃。

饭虽然有了，可是没有碗筷。毛泽东又打趣地说："同志们，知道吗，中国西边有一个国家叫印度，他们吃饭就是用手抓的。今天我们一起来体验一下手抓饭的感觉好不好！"说完，他首先伸手从饭箩中抓起饭来，就着泡菜，吃得津津有味。战士们在他的带领下也跟着用手抓饭吃起来。

可是,吃过午饭大家仍然蔫蔫地打不起精神。毛泽东看到这种情景,心想:不能再这样下去了,得想个办法,让大家振作起来,不然,人心涣散,精神萎靡,革命事业就会彻底失败。

想到这,毛泽东立即站了起来,向着中间的空地走去。只见他双足并拢,身体笔挺,精神抖擞地对大家说:“现在来站队!我站第一名,请曾连长喊口令!”

毛泽东虽然双脚被草鞋磨出了血泡,衣服又脏又破,头发又乱又长,但他那炯炯有神的双眼闪耀着对革命必胜的信心,掷地有声的话语激励着大家战胜艰难困苦的勇气。战士们看到毛委员做了排头兵,都被他那坚定的眼神、坚强的精神所感染。随着曾士峨连长“立正——向右看齐——向前看——”的整队口令,战士们一个个振作起来,从地上一跃而起,拿起武器,站队入列,向着毛泽东那高大挺拔的身躯看齐。

没过多久,失去联系的一营也找到了,工农革命军的队伍在排头兵毛泽东的带领下,精神抖擞地向井冈山方向挺进!

队列上的排头兵是一个集体在整队时的参照者,他的作用是确定一个标志点,方便大家按序排队。而精神上的排头兵则是一个团队处于危机之时的思想引领人,没有他,队伍就没有了前进方向,就失去了精神动力。

90多年前,毛泽东当排头兵就是一面精神旗帜,他以坚定的信念和坚强的意志引领革命队伍由弱变强,由小变大,将星星之火燃遍全国。如今,在中国特色社会主义新时代,我们弘扬跨越时空的井冈山精神,全面建设社会主义现代化国家,实现中华民族的伟大复兴,也需要这样的排头兵精神。新时代的青年要努力学习,增强本领,争当学习和精技的排头兵,努力成为社会主义建设者和接班人,为祖国和家乡的建设事业贡献一份属于自己的力量。

(撰稿:吉安职业技术学院 李泽意)

感悟与思考

德国历史学家、诺贝尔文学奖获得者蒙森说："缺乏一位有远大眼光可统观全局的政治领袖，因之做得不是太过，就是不及。"同学们，你对毛泽东在那么艰难的情况下，仍能号召并带领战士们坚定信心、继续前进有什么感悟？

知识拓展

井冈山

井冈山位于江西省吉安市西南部，地处湘东赣西边界，南岭北支、罗霄山脉中段。

在这里，毛泽东、朱德、陈毅等老一辈无产阶级革命家创建了井冈山革命根据地，开辟了"以农村包围城市、武装夺取政权"的具有中国特色的革命道路。这里被誉为"中国革命的摇篮"和"中华人民共和国的奠基石"。

井冈山斗争时期，中国共产党把马克思主义与中国革命实际相结合，制定了党领导军队的一系列组织制度和政治纪律。井冈山根据地的创建，为中国共产党领导各地武装斗争树立了榜样，成为党领导中国革命建立农村革命根据地，以农村包围城市，最后夺取全国胜利道路的开端。

现在的井冈山有11大景区、76处景点、460多个景物景观，其中革命人文景观30多处，革命旧址遗迹100多处，主要景区有黄洋界、井冈山革命烈士陵园、茨坪革命旧址群、大井毛泽东同志旧居、井冈山革命历史博物馆、茅坪八角楼、会师纪念馆、水口等。

❷ 张子清师长"献盐"

在井冈山小井红军医院前，有一组青铜群雕：红军师长张子清拄着拐杖，把一小包食盐递给红军医生，红军医生感动地握住张子清师长的手，久久不愿松开……

★张子清师长（右一）献盐（青铜群雕）

这是井冈山斗争时期真实发生过的故事。

张子清，湖南益阳桃江县人，生于一个爱国军人家庭。父亲张建良参加了同盟会和湖南新军，与国民党高官谭延闿关系深厚，当上了江道区少将司令，因而家境良好。出生在这样家庭的张子清却思想进步，积极参加反对军阀的斗争，走上了革命道路。

1925 年，张子清加入中国共产党。这年冬天，张子清赶赴广州，参加广州国民政府举办的政治讲习所学习，毕业后投身北伐。此前，时任广州国民政府主席的谭延闿以世交关系两次派人找他，要保送他去美国留学，都被他婉言谢绝了。

1926 年春，黄埔军校第三分校在长沙成立，他被调到该校任政治教官，

★北伐时期的张子清

后又进入毛泽东主办的农民运动讲习所学习。1927 年 9 月，他参加了秋收起义，三湾改编时，任工农革命军第一军第一师第一团三营营长。

1928 年 1 月，朱德、陈毅率南昌起义留存部队进入湘南，发动和领导了湘南起义。3 月下旬，得知湘南起义部队遭到广东、湖南国民党“协剿”军的南北夹击，在湘南难以立足，毛泽东决定立即分兵两路前往接应。4 月 20 日，敌人重兵向起义部队追击包围，张子清指挥部队英勇阻击，打退敌军 11 次进攻；并采取迂回战术，奇袭敌军指挥所。敌人全线崩溃。正当张子清率部追击敌人的时候，一颗子弹打中他的左脚，钻入踝骨里，被战士们抬回宁冈。4 月 24 日前后，部队回到砻市。此时，朱德、陈毅率领湘南起义一部分直属部队也到达砻市。这样，由毛泽东和朱德等领导的两支革命军队胜利会师。当日，毛泽东带着身边的干部到龙江书院会见朱德、陈毅等人，共同商议成立工农革命军第四军等问题，张子清是用担架抬着去的。4 月下旬，两支部队合编为工农革命军第四军，张子清被任命为第十一师师长兼三十一团团长。1928 年 5 月 4 日，工农革命军第四军（后改称“工农红军第四军”）在宁冈砻市正式成立。出席建军大会那天，张子清也是躺着担架去的。他穿着整洁的军装，精神抖擞，神采奕奕，显示出红军战将的特有风采。

会后，张子清住进了茅坪红军医院。可是医院条件非常简陋，不要说消炎用的盘尼西林一类西药没有，连开刀的麻药也没有，更没有 X 光机，无法判断子弹在脚踝的什么部位。但是只有把弹头取出来，张子清的脚才能痊愈。他对红军医生说：“你们不要怕，大胆给我治就是。”

红军医院的医生也很着急，他们制定的手术方案十分“残酷”：切开脚板，从踝骨上寻找弹头，再用竹镊子直接夹出。军医向张子清征求手术意见，他没有一丝犹豫，语气坚定地说：“开刀吧，我能经受得住，你们快点开刀好了！”

就这样，张子清接受了“关云长刮骨疗毒式的手术”，没有麻药，他用

★小井红军医院张子清住过的病房

牙齿咬着一根小木棍，忍受着难以忍受的疼痛，始终一声不吭。但是由于子弹钻得很深，三次手术都没能取出弹头。

毛泽东闻讯，心里非常牵挂，多次去看望他，称赞他“是一个真正的共产党员，是无产阶级的钢铁战士，是红军中的关云长”，并提议秘密护送他前往长沙治疗。

但张子清一再拒绝：“我可以到长沙去治疗，但还有这么多的伤员，他们怎么办呢？”他坚持不搞特殊化，坚持留在井冈山治疗。他坚决地说：“留下养伤，坚持战斗，最多成了残废。残废算什么，一样能干革命！”

1928 年年底，张子清被转移到小井红军医院治疗。由于敌人对井冈山进行严密的封锁，药品异常缺乏，红军伤员只能用食盐化成盐水来给伤口消毒，因此，每个伤员可以定量配给些许食盐，作为清洗伤口的消炎药。

张子清深知食盐的宝贵，配给的食盐总是不舍得用。时间久了，他伤口深度溃烂，医生只好一次又一次将他伤口的腐肉剔除。

一次，红军在反“会剿”战斗后伤员大量增加，消炎用的食盐更加不够用了，很多伤员因伤口得不到及时清洗而恶化。张子清得知这个情况，立即从枕头下摸出平时节省下来的食盐，交给红军医生说：“我这里有点盐，虽然不多，拿去把重伤员的伤口洗一洗，让他们快些好起来，重返前线英勇杀敌。”红军医生捧着这一小包救命盐，眼泪不禁夺眶而出。“张师长献盐”的故事就这样在红军中不胫而走。

由于缺医少药，张子清的伤口严重感染，炎症一直感染到腹部。他肚子肿胀，一条腿肿得皮肤透亮，经常高烧。长时间的伤痛和感染，一点点消耗着他的生命，但他一面忍着伤痛的折磨，一面仍继续忘我工作。

1929 年 1 月，前委决定红四军主力向赣南、闽西进军。张子清由于伤病不能随军远征，前委将他留下任红五军参谋长。不久，国民党军攻陷井冈山，张子清被护送到深山区，隐藏在一个石洞中。时值隆冬，连日大雪，交通断绝，张子清随身带的一点黄豆和竹笋都吃光了，饿了4天4夜，等敌人撤退后，才被背下山来。他的伤势也越来越重，身体更加虚弱了。

1929年5月，红五军返回井冈山，张子清被转移到永新。战士们把张子清送到永新洞里村蕉林寺治疗。因为子弹取不出来，伤口不断感染、恶化，反复发炎、化脓，张子清的身体越来越差，最后只能截肢。可没有专业医生，截肢手术只好请一位木匠用木工锯来做。1930年5月，忍受了两年病痛折磨的张子清因败血症在江西永新县蕉林寺永远闭上了双眼，年仅28岁。

张子清用顽强的意志，经受了常人难以想象的伤痛；用年轻的生命，证明了共产党人心系党的事业、无私忘我奋斗的崇高境界；用坚定的模范行为诠释了共产党人克己奉公、严于律己的奉献精神。我们应该永远铭记他。

（**撰稿：**吉安职业技术学院 李泽意）

感悟与思考

张子清作为红军师长，在负伤后却不愿搞特殊，拒绝去大城市治疗。伤口感染后，他又把平时节省下来的医生配给他用于消毒的食盐，全部献给其他普通伤员用，最后因严重感染得不到救治而牺牲。同学们，读到张子清献盐的故事，你会被他的事迹感动吗？你对他的这些行为有什么感想呢？

知识拓展

井冈烈士知多少

为创建和巩固井冈山根据地，井冈山军民反复与国民党军展开反“会剿”“进剿”斗争，战斗中，很多指战员英勇牺牲。1929年初，红四军主力下山后，敌人疯狂进攻井冈山。国民党军占领井冈山3个月，灭绝人性地推行“石头要过刀，茅草要过火，人要换种”的政策，一大批伤病员、干部和革命群众被杀。据不完全统计，在井冈山斗争时期牺牲的革命烈士共有48000多人，其中有名有姓的就有15744人。

❸ 女红军曾志的家国情

1998年6月30日，盛夏的井冈山郁郁葱葱，山上的苍松青得像把把绿伞，山间的杜鹃花红得像团团火焰。

在井冈山小井村，当年红军医院烈士墓旁，一群神情肃穆的人，将一位老红军战士的骨灰，轻轻洒在一颗柏树下，然后，把一块不足一米见方刻有“魂归井冈——红军老战士曾志”的石头恭恭敬敬地摆放在树旁，默默离开。

原来，这是参加过井冈山斗争的女红军战士曾志逝世后，她的亲人按照遗嘱，在井冈山举行的一个简单的安葬仪式。

★井冈山小井红军烈士墓旁的曾志墓

1998年6月21日，曾志在北京逝世。她生前立下遗嘱：“死后不开追悼会，不举行遗体告别仪式，不在家中设灵堂，京外家人不要来吊唁。遗体送医院解剖，有用的留下，没用的火化。骨灰埋在井冈山小井红军医院旁的小树林里，陪伴当年牺牲的战友。”

曾志原名曾昭学，湖南省宜章县人。1924年秋考入湖南省立第三女子师范，积极参加反对旧礼教、男尊女卑、反动官僚军阀活动。1926年8月考入衡阳农民运动讲习所，并改名“曾志”，立志“要为中国女性争志气”。1928 年 1 月参加湘南起义，并与党代表蔡协民结婚，一同上了井冈山。

★青年时代的曾志

红军部队上山后，国民党反动派实行严密的经济封锁和军事“围剿”，井冈山上缺吃少穿，缺医少药。“红米饭，南瓜汤，秋茄子，味道香，餐餐吃得精打光”，“天当房，地当床，金丝被（稻草），盖身上，不怕白匪和寒冷，暖暖和和入梦乡！”这些歌谣不仅是当年红军艰苦生活的真实写照，更体现出红军不怕苦的革命乐观主义精神。为了解决因战事频繁红军伤病员越来越多的问题，1928 年 10 月，赣湘边界党的第二次代表大会决定“建立较好的红军医院”，曾志被任命为红军医院党总支书记。

此时的曾志已经身怀六甲。但为了尽快建立红军自己的医院，让伤病的战友早日康复重返前线，她照样拖着沉重的身子，同大家一起扛木头、抬石块、平地基、挑砂石，没日没夜忙碌在医院工地。在大家的齐心努力下，1928 年冬天，我军历史上第一所正规化医院在井冈山小井村建成了，这就是后来的小井红军医院。

红军医院建好后，曾志又带领医务人员自力更生，用木头、竹子制成消毒盆、镊子和探针等医疗器具，用土布洗净做成药棉，用盐水泡过的剃头刀、梭镖、菜刀做手术刀，用小齿锯做锯骨手术。为了节约医疗用品，一块棉布洗了又洗，用了又用，甚至用上几十次，直到不能用为止。在这样艰苦卓绝的条件下，曾志和她的战友们，凭着坚强的意志和坚定的信念，克服难以想象的困难，让一批批伤病员得以康复，重返前线。

这年 11 月底，曾志临产了。在经历三天三夜的难产痛苦后，曾志产下一名男婴。由于体弱又缺乏营养，曾志产后高烧不退，在死亡线上挣扎了 20 多天，在战友和老乡们的精心护理下，才战胜病魔，死里逃生。

刚刚闯过一道生死关，曾志又面临一个更加残酷的选择。

1929 年 1 月，因为革命斗争的需要，红四军撤离井冈山，曾志调任红军宣传队妇女队长随军行动。可孩子出生没多久，奶水都没吃几口，名字也没取，一个母亲怎忍心抛下孩子独自离去？曾志深知不可能带孩子随军行动。临行前她多想再亲亲孩子的小脸、摸摸孩子的小手，再给孩子喂一次奶。可为了革命事业，她毅然决然将孩子送给一位当地姓石的红军副连长收养，自己随着队伍，告别了井冈山，告别了襁褓中的孩子。

此一去，山高水长，前途艰险。曾志的孩子被养父母取名石来发，在红军离开后的大山里，与受苦受难的穷苦百姓一样听天由命。

果然，红军部队下山不久，国民党军就窜进小井村，包围了红军医院，130 多名来不及转移的伤病员落入敌手。面对敌人的威逼利诱和严刑拷打，伤病员们坚决不说红军部队转移的方向。敌人恼羞成怒，将红军伤病员全部枪杀在医院旁边的稻田里，最小的不过 14 岁。

再后来，白色恐怖笼罩着井冈山，石来发 7 岁时养父母牺牲。一位好心的婆婆收留了小来发，一老一少拿一只破碗，拄一根拐杖沿村乞讨，小来发靠吃百家饭长大。

1951 年夏天，已是广州市委书记的曾志，委托前往井冈山老区慰问的战友，寻找失散多年的孩子，终于找到了受尽人间苦难的儿子石来发。而从小在大山里长大的石来发也不敢相信，自己不仅不是孤儿，而且有一位当大领导的妈妈。

捱过 24 年苦难和离散的母子俩，终于在广州团聚了。在母子诉不完的离愁、说不尽的喜悦之时，石来发向母亲提出了一个并不过分的要求，希望母亲在广州为他找一份工作，也好留在母亲身边，从此不再承受分离之苦。此时身居高位的曾志，给儿子安排一份工作也是极为简单的事。可曾志犹豫了，共产党抛头颅、洒热血的目的是什么？是为自己和家人过上好日子？还是为人民过上好日子？

经过认真思考，曾志对石来发说："你是井冈山人民的儿子，井冈山人民在最艰苦的岁月里把你养大，革命前辈的遗志需要你继承，井冈山的光荣传统需要你发扬。更何况毛主席的儿子都在抗美援朝前线，我的儿子怎么可以留在父母身边享福呢？你应该回去，为井冈山的社会主义建设出一份力！"

石来发明白母亲的苦心，他牢记母亲的谆谆教导，回到井冈山做了一辈子的林场农民。

1987 年，已担任中组部副部长的曾志，在离别了 59 年之后再次回到井冈山，而她的儿子石来发依然是一位地地道道的农民。他们母子再次相见，终于实现了一次儿孙满堂的四代团聚。

不久后，曾志的孙子石金龙到北京看奶奶。奶奶看到高大英俊的孙子非常高兴，尽一切能力招待石金龙。吃饭时，石金龙提出一个特别实在的要求，希望奶奶能为他和父亲一家解决“农转非”问题。

那时候，“农转非”国家政策很严，但老红军的后代，是可以享受这一政策的，只要身居高位的曾志出面打个招呼就可以办妥。可面对孙子的要求，曾志沉默了很久，最后语重心长地说：“金龙啊，我们现在桌上吃的饭菜不都是农民种的吗？农民不能少啊！……”

见奶奶不肯出面帮忙，石金龙又找到曾志的秘书小刘，希望她给地方打个招呼。小刘为难地说：“曾部长定下的规矩，是不能改变的。”从此后，石金龙再也没有向奶奶提过任何要求，安安心心地当了一名井冈山垦殖场的农民。

井冈山团圆仅仅过了 11 年，曾志在北京去世，走完了她 87 年不平凡的人生历程。在生命的最后时刻，她把一沓信封交给了女儿陶斯亮说，这是她自己一生的积蓄，这些信封一个也不能丢，每一个信封里都是她工作的工资，每一分钱都是清白的。她要女儿把这省吃俭用节省下的 6 万多元钱全部捐献给家乡祁阳和宜章两县的“希望工程”。一盏把自己的一切都奉献给了革命事业的生命之灯熄灭了，但这盏跨越时空的精神之灯却永远在人们心中燃烧。

我们今天有很好的物质条件，工作和人生选择也日益增多，再也不会为户口等问题而困扰，但革命先辈不图名利，不为子女特殊照顾的高风亮节永远值得好好学习。前人栽树，后人乘凉。我们不能只会乘凉，我们还要会“养树”“护树”，让自己也成为一棵大树，为祖国和人民作出应有的贡献。

（**撰稿**：吉安职业技术学院　李泽意）

感悟与思考

曾志的女儿陶斯亮评价母亲时说："您所奉献的远远超出一个女人，您所给予的远远超过一个母亲。"亲爱的同学，红军老战士曾志的家国情感动过无数人，你读完这个故事，哪些内容最感动你呢？在当下的市场经济环境下，你认为曾志这样的精神该如何发扬？

知识拓展

小井红军医院

1927 年 10 月，工农革命军在宁冈茅坪设立了一所简易的后方医院。1928 年 4 月，朱、毛两支部队胜利会师后，在井冈山大小五井，建立了取名叫"红军医院"的后方医院。为改善红军伤病员的医疗条件，同年 10 月，湘赣边界党的第二次代表大会决定，"建设较好的红军医院"。红军官兵纷纷将伙食尾子捐献出来，军民们自己动手，就地取材，于 1928 年冬，在小井村建成了一所杉木皮屋面、全木质结构、上下两层共 32 间、可容纳二百多名伤病员的红军医院，取名"红光医院"。这是中国红军的第一所正规医院。

1967 年，井冈山人民按历史原貌修复小井红军医院旧址。1987 年，江西省人民政府公布"中国红军第四军医院旧址"为省级重点文物保护单位。

❹ 一份别样的入党誓词

如果你去首都北京，参观中国国家博物馆，你会在“复兴之路”部分看到一件别样的展品。如果你去江西井冈山，参观井冈山革命博物馆，你也可以看到这件别样展品的复制件。

这件展品是一块已经褪色的红布，上面用斑驳的墨迹写着：“牺牲个人，言首�蜜（严守秘密），阶级斗争，努力革命，伏（服）从党其（纪），永不叛党。”这件看起来很粗糙的展品却十分珍贵，它是现存最早的中国共产党入党誓词，尽管上面 24 个字有 6 个错别字，但它记录了一代中国共产党人坚定执着追理想的不朽情怀，记录了中国共产党带领人民，为实现中华民族伟大复兴进行艰苦卓绝斗争的一段历史。这份入党誓词出自江西省永新县才丰乡北田村农民贺页朵之手。

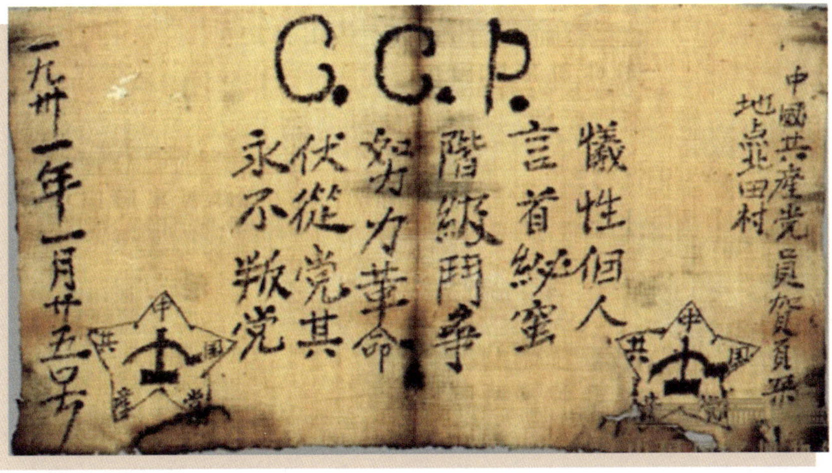

★贺页朵的入党誓词（原件藏国家博物馆）

贺页朵出身于一个贫苦农民家庭，早年靠租种地主的租田和做短工为生。1927 年 9 月，毛泽东率领工农革命军（1928 年 4 月朱毛会师后改名为中国工农红军），开辟了井冈山根据地。贺页朵与千千万万的贫苦农民一样，热

烈欢迎红军的到来,积极参加革命活动。由于他工作积极,又开了一座榨油坊,便于开展革命工作,他被选为永新县才丰乡北田村农民协会副主席和湘赣边区苏维埃六乡政府财粮干事。

处于国民党反动派白色恐怖四面包围的井冈山,革命斗争环境非常险恶。贺页朵以榨油坊为掩护,秘密从事党的工作。他为红军搜集传递情报,运送食盐、粮食和弹药,护送党员干部和伤员等等。在红军三打永新的战斗中,他不怕牺牲,多次参加战斗,积极救护伤员。1931 年 1 月,中共永新县四区委根据贺页朵的请求和表现,同意他加入中国共产党。

1931 年 1 月 25 日漆黑的晚上,对于贺页朵来说,那是一个极不寻常的夜晚。在榨油坊昏暗的桐油灯下,他拿出早已准备好的一块红布,用毛笔在上方端端正正地写下中国共产党的英文缩写“CCP”,然后在布的中间竖着写下入党誓词。虽然贺页朵文化水平不高,24 个字写了 6 个错别字,但他对党的忠诚却是不带一点杂质的。贺页朵举起右手,庄严宣誓,成为一名时刻要为党牺牲一切的中国共产党员。

桐油灯灯光如豆,但在贺页朵的心中,似乎感受到了太阳般温暖的光辉。宣誓仪式结束后,夜已深,心难静。他心里比谁都明白,共产党为广大老百姓谋幸福,能成为共产党的一员,为广大劳苦大众翻身得解放过上好日子作出一点贡献,就是拼上性命也值呀!

写完誓言,他又在布的下方两角各画了一个五角星,五角星的中心画上由镰刀锤头组成的党徽,五个角分别写上“中国共产党”五个字。随后,他自豪地在右边空白处写上自己的姓名和入党地点:“中国共产党员贺页朵,地点北田村。”

在当时严峻的环境下,把名字和地点写在入党誓词上无异于断绝自己的一切后路,一旦形势有变,身份暴露,国民党反动派反攻倒算,他就会性命难保,甚至殃及全家。可贺页朵没想这么多,他用坚定的笔墨,把参加革命的决心写在了这块红布上,把朴素的革命理想写进了坚定的信念中。他相信,共产党、老百姓一定会胜利!

从此,这 24 个字的入党誓言就成了贺页朵生命的座右铭。无论战斗多么残酷,无论环境多么险恶,贺页朵都勇敢地冲在斗争第一线,用实际行动践行着自己的誓言,用一腔热血守护着这块饱含他生命意义的红布。

革命充满了艰难曲折。1934 年贺页朵在一次战斗中负了重伤；第五次反“围剿”失败，红军被迫离开苏区，永新又陷入了国民党反动派的白色恐怖之中。

红军长征后，贺页朵留在永新继续坚持斗争。国民党反动派推行“石头要过刀，茅草要过火，人要换种”的残酷政策，贺页朵与党组织失去了联系。在不知道未来在哪里、党在哪里的艰难岁月里，他没有把亲手写下的誓言烧掉，以换取个人的平安和苟且，而是将入党誓词用油纸包好，藏在榨油坊的屋檐下。每当夜深人静、心中迷茫的时候，他就拿出来反复细看，默默诵读。他期盼、更坚信，为人民谋幸福的共产党一定会回来的，革命一定会胜利！

捱过 15 个寒冬之后，贺页朵终于迎来了全国解放，他也翻身做了主人。

1951 年，中央派出慰问团到南方老革命根据地慰问群众。看到当年的毛委员从北京派人来了，已经 65 岁的贺页朵激动万分，他从榨油坊的屋檐下取出了这份浸透了他生命和信念的入党誓词，交给了心目中无比信任的党，这份入党誓词再次迎来了它光辉绽放的时刻。

在井冈山斗争时期，像贺页朵那样坚定理想、不怕牺牲的共产党员还有很多。

张子清，被誉为“红军中的关云长”，黄埔军校长沙分校政治教官，1927 年参加秋收起义，红四军成立后任第十一师师长、湘赣边工农兵政府军事部长。1928 年 4 月为掩护朱德、陈毅部队而受伤。由于红军医疗条件太差，三次手术都失败了；而他又特别关心群众，把配给他的极其珍贵的用于消毒伤口的食盐献给红军伤员用，自己因得不到有效治疗而壮烈牺牲。

王尔琢，黄埔一期毕业，他放弃国民党的高官厚禄，参加南昌起义、湘南暴动，井冈山斗争时期任红四军参谋长兼二十八团团长，协助毛泽东、朱德指挥红军取得五斗江大捷、草市坳大捷、龙源口大捷。1928 年 8 月 25 日在追击叛徒、劝返不明真相的战士时被叛徒杀害。

伍中豪，17 岁考入北京大学文学院，毕业后投笔从戎考入黄埔军校第四期。他有着卓越的军事才能，但是他放弃国民党飞黄腾达的“美好前途”执意参加革命，成为“井冈三骁将”之一，1930 年 10 月在战斗中壮烈牺牲。

…………

人最大的力量莫过于坚强的信念。如果这些革命英烈放弃理想，扔掉信念，他们完全不必出生入死，甚至可以升官发财，过上优越的生活。但战争的硝烟没能湮没共产党员的誓言，艰难的岁月没有消弭革命者的信念。众多像贺页朵一样的共产党员，用一个又一个事实彰显了信仰的力量，这些事实就是中国共产党人对“不忘初心”的最好诠释，他们是今天我们新时代青年需要认真学习的榜样。

（**撰稿：**吉安职业技术学院　李泽意）

感悟与思考

文艺复兴时期英国伟大的剧作家本·琼森说：“产生信念是要付出很高的代价的。”当一个人在残酷的环境中坚守信念没有任何好处，甚至有生命危险时，他还能坚守，这需要多大的勇气和意志呀！井冈山斗争时期，生活在永新县山沟沟里的农民贺页朵却做到了。同学们，请问在如今的社会条件下，你的理想信念是什么？你能坚守你的理想信念吗？

知识拓展

入党誓词

入党誓词是成为预备党员后，在入党宣誓仪式上，需要宣读的誓词。《中国共产党章程》第一章第六条规定：“预备党员必须面向党旗进行入党宣誓。誓词如下：我志愿加入中国共产党，拥护党的纲领，遵守党的章程，履行党员义务，执行党的决定，严守党的纪律，保守党的秘密，对党忠诚，积极工作，为共产主义奋斗终身，随时准备为党和人民牺牲一切，永不叛党。”

5 三放俘虏兵

《三国演义》中有一个“七擒孟获”的故事，在当年井冈山的斗争中，也上演了一个类似的“三放俘虏兵”的故事。

1928 年 5 月，蒋介石调集江西省的国民党军发动了对井冈山的第三次军事“进剿”。井冈山红军在毛泽东、朱德的指挥下，运用机动灵活的游击战术，打败了赣军杨池生、杨如轩两个师（“江西两只羊”），歼敌两个团，击溃两个团，取得了以少胜多、以弱胜强的辉煌胜利。

★红军打败“江西两只羊”（雕塑）

当时，杨池生部有一个叫曹福海的士兵，在永新战斗中被俘。按照红军的政策，红二十八团一营四连连长杨至成找俘虏谈话，宣传工农红军的革命道理。当杨至成了解到曹福海也是个受剥削、受压迫的贫苦农民时，就有意吸收他加入红军，并亲切地对他说：“红军是为穷苦人打天下的队伍，你也是穷苦人出身，参加我们红军吧！”

可是，曹福海听到杨至成的话却吓得面如土色，结结巴巴地说：“我家里还有白发老娘，求你放我回去吧……长官积德，救救我全家……”

杨至成又向别的俘虏作宣传，这些俘虏兵个个和曹福海一样，都一个劲儿苦苦哀求，就是不愿当红军。

杨至成无奈，只好不再勉强，并想尽办法，克服红军生活条件极其艰苦、药品极其缺乏等各种困难，尽量让俘虏们住得舒服，吃得满意，带伤的一律给予治疗。

送走俘虏那天，还开了欢送会，红军向俘虏们讲明了天下穷人是一家、放下武器是兄弟的道理，希望他们回家之后，种田的种田，做工的做工；如果再当白军和红军打仗，枪口不要对着自己的兄弟等等。又按红军优待俘虏的规定，每人发 3 块大洋做路费，放他们回去了。

俘虏兵为什么不愿参加红军呢？原来，由于长时间受国民党反动派“红军抓到俘虏要剥皮抽筋”的欺骗宣传，这些俘虏兵一直害怕红军真的会对他们“剥皮抽筋”，现在红军还要他们“反水”，他们以为这是红军的“请君入瓮”之计呢，哪敢轻易相信。

没过多久，在井冈山根据地第四次反“进剿”的七溪岭战斗（也称“龙源口战斗”）中，曹福海再次被俘。说来也巧，杨至成在俘虏群中看见了他。老熟人相见，自然亲切了几分。

杨至成问：“兄弟，你是穷苦人，为什么还要为国民党蒋介石卖命呢？加入红军的队伍，为穷人打天下多好！”

★江西永新龙源口战斗旧址

可是，由于对红军了解不深，又怕国民党对他家进行报复，曹福海还是不愿意。杨至成心想，一回不行就两回，总有感动你的那一天！于是，又发给曹福海路费，开好路条，热情地把他送走了。

随着井冈山根据地的不断壮大，敌人的“进剿”也更加频繁。不久，杨池生和杨如轩的部队又来了。

这一次，战斗还真有些不一样。双方一接触，红军一吹冲锋号，大批敌军士兵没放一枪就举起了双手，有的干脆拖着枪跑到红军这边来了。其中就有曹福海，他不但心甘情愿“被俘”，还拉了十四五个白军士兵投奔红军。

红军问他们为什么要战场反正，曹福海说：“你们红军官兵人人平等，不打不骂；那边士兵没一点权利，天天挨打受气，还是红军好！”

“红军不是会‘剥皮抽筋’吗？你不怕呀？”

“那是国民党的宣传，过去我们不懂，受了欺骗！”

“当红军特别艰苦，还要不怕牺牲，能做得到吗？”

“我们都是穷苦人，我们不怕苦！”

杨至成把这件事向上级汇报后，便把他们编到了班里，就这样，曹福海和他的白军“战友”当了红军。

曹福海当红军后，体验到红军官兵人人平等的民主生活，仿佛进入了一个新世界，也焕发出了参加革命的极大热情，各方面进步很快，不久就当了排长。1929 年 1 月，曹福海随红四军主力下井冈山，去开辟赣南闽西革命根据地，在赣南的一次战斗中英勇牺牲。

在红军队伍中，像曹福海这样的战士还有很多。“红军像一个大火炉，俘虏兵过来马上就熔化了。”这是当时在红军部队中流传的一句话。在井冈山斗争时期，红军制定了《三大纪律，六项注意》等各项政策，不仅发动群众，依靠群众，耐心细致做老百姓的工作，而且倡导官兵平等，优待俘虏，吸引很多俘虏当红军，不断壮大红军力量。也正是以毛泽东为代表的中国共产党人，实事求是、联系实际制定了一系列正确的方针政策，才使中国共产党走出了一条中国特色的革命之路。从井冈山走出来的敢闯新路的创新精神，是中国原创民族精神的一部分，值得我们永远继承和弘扬。

（**撰稿**：吉安职业技术学院　李泽意）

感悟与思考

亲爱的同学们，如果你读过中国革命史，你就会知道，国民党抓到共产党员时往往是刑讯或屠杀，但共产党对国民党的被俘人员却总是仁慈相待。毛泽东在总结中国革命胜利的经验时说：“统一战线、武装斗争、党的建设，这是中国革命的三大法宝。”请你想一想，“三放俘虏兵”是哪个法宝呢？今天，你认为这些法宝还有作用吗？

知识拓展

三大纪律八项注意

1927年9月，秋收起义部队进驻永新三湾时，有的官兵吃老乡的红薯，毛泽东给部队规定了不拿老百姓一块红薯的纪律。不久，部队开到茶陵打土豪，又有个别官兵将财物据为己有，毛泽东提出打土豪要归公的纪律。1928年1月，部队到遂川发动群众，出现了一些损害群众利益的现象，毛泽东又给部队规定了上门板、捆禾草等六大注意事项。部队南下湘南，毛泽东将过去制定的纪律和注意事项综合在一起，定为三大纪律六项注意予以颁布。1929年以后，六项注意逐步修改补充为八项注意。1947年10月10日，毛泽东起草《中国人民解放军总部关于重新颁布三大纪律八项注意的训令》，对其内容作了统一规定，这就是我军仍在执行的《三大纪律八项注意》。三大纪律是：一、一切行动听指挥；二、不拿群众一针一线；三、一切缴获要归公。八项注意是：一、说话和气；二、买卖公平；三、借东西要还；四、损坏东西要赔；五、不打人骂人；六、不损坏庄稼；七、不调戏妇女；八、不虐待俘虏。

第四章 共和国摇篮

20 世纪 30 年代初，中国共产党在赣南、闽西开辟了中央苏区，并在江西瑞金建立了中华苏维埃共和国临时中央政府。

在党和苏维埃政府的领导下，中央苏区进行了治国安邦的伟大实践，组织苏区群众进行反“围剿”战争，深入土地革命，开展经济建设，发展文化教育，保障民主权利，改造社会环境，改善群众生活。到 1933 年秋，中央苏区辖有江西、福建等 4 个省级苏维埃政权，拥有 60 个行政县，总面积 8.4 万平方公里，总人口 450 万人，党员总数 20 余万人。这些伟大实践，被誉为中国共产党建国建政的伟大预演，瑞金也被誉为共和国的摇篮。

但中央苏区遭到了国民党反动派的疯狂“围剿”。在经历 4 次“围剿”失败后，1933 年 9 月，国民党反动派调集 50 万大军、200 余架飞机，对中央苏区发动了第五次“围剿”。由于王明“左”倾教条主义者排斥毛泽东的正确指挥，实行错误的战略战术，中央苏区第五次反“围剿”失败。1934 年 10 月，中央红军不得不进行战略转移，开始二万五千里长征。

中央苏区时期，领导干部关心群众，苏区群众积极参加红军，踊跃支援革命，涌现出了很多可歌可泣的革命故事，至今读来还是那么动人心扉。

❶ 吃水不忘挖井人

“吃水不忘挖井人，时刻想念毛主席”，每一个生长在新中国的小学生或许都会读到这篇课文，课文里瑞金沙洲坝的红井成了老少皆知的一处旅游胜迹。

红井位于江西省瑞金市沙洲坝村中华苏维埃共和国中央执行委员会旧址东南约 20 米的池塘边，直径约 0.85 米，深约 5 米。它是中央苏区时期毛主席亲自带领干部群众开挖的，解决了当地群众的饮水问题，是当时党和苏维埃政府密切联系群众、解决群众生活困难的历史见证。

★红井（位于瑞金沙洲坝）

当年的沙洲坝曾经流传着这样的民谣：“沙洲坝，沙洲坝，三天不下雨，无水洗手帕，旱死老鼠渴死蛙，有女莫嫁沙洲坝。”“沙洲坝，沙洲坝，三天无雨地开岔，天一下雨土搬家。”说的是，沙洲坝是个天晴干旱缺水、天雨积水成涝的地方。

面对这样的状况，老百姓也想过要挖井，可是当地村民大多数生活贫穷，没有人愿意来起头；并且非常迷信，风水先生曾经跟老一辈人说过，沙洲坝的龙脉是条旱龙，挖了井就会破坏风水，给村民带来灾难。因此，没有哪个村民敢擅自开挖，群众只好到村外的小河里去挑水喝；农忙季节，只能在村边上的脏水塘里挑水喝。

1931 年 11 月，中华苏维埃共和国临时中央政府在瑞金成立，毛泽东被选为主席。政府起初设在叶坪，后来因为国民党军飞机狂轰滥炸，为了防空安全，1933 年 4 月，毛主席和临时中央政府机关迁到沙洲坝。迁到这里后，毛主席深入调查，体察民情，写下了著名的《关心群众生活，注意工作方法》一文。

一天傍晚，毛主席办完公事从外面回来，一下马，就看见乡亲们在脏水塘里挑水，便问："你们把这水挑去做什么用？是去浇地吗？"

乡亲们回答说："主席，我们不是浇地，是挑回家去吃呀！"

毛主席说："这里的水这么脏，能吃吗？"

乡亲们苦笑着说："有什么办法，这里没有干净的水源，这脏水我们也得吃啊！"

毛主席说："你们难道就没有想过打井取水么？"

乡亲们摇摇头说："想过，但是沙洲坝不能打井，这是天命。老一辈都是这样说的，谁要是逆了天命，会遭报应的！"

毛主席听了后，哈哈大笑，说："我们不要信天命，要信革命！还是打口井吧！"

说罢，毛主席牵马进村去了，挑水的乡亲们也就散了，谁也没有把这话记在心里，仍然每天到塘里挑水吃，毛主席也每天早出晚归忙他的公事。

有一天，天刚蒙蒙亮，起来挑水的村民看见有几个人影在村头走来走去，一个拿着锄头，一个拿着锹，这里锄锄，那里铲铲。

谁这么早起来干什么呢？走前一看，原来是毛主席和他的警卫员。

挑水的乡亲们问："毛主席，您这是干什么呀？"

毛主席说："找水源，挖井。"说完，便和警卫员在一块长满油草的地方铲开地皮，挖了起来。

挖到两三尺深，毛主席抓起一把泥土在手里捏了捏，对警卫员说："行，井位就定在这里，你去叫人来挖。"

毛主席带头挖井的事，立即传遍了全村。村民都齐集到村头，看着毛主

★毛主席带领红军挖井（雕塑）

席他们挖井。

毛主席一边挖土，一边对乡亲们说："这几天忙，没工夫找大家商量打井的事，今天有空，我先替大家找个有水源的地方，定个位，破个土。我知道，你们信风水，怕得罪旱龙王，我不怕，挖井是为了大伙有干净的水喝，如果旱龙王要怪罪下来，就让它先来找我毛泽东算账好了！"

毛主席一席话打消了村民的顾虑，大家纷纷加入挖井行列。没几天工夫，一口水井就挖好了。为了使井水更干净，毛主席还亲自下到井底铺砂石、垫木炭。

毛主席用实际行动，为机关干部和沙洲坝群众树立了榜样，中央各机关掀起了开挖水井的热潮。从此，沙洲坝人民结束了饮用脏塘水的历史，喝上了清澈甘甜的井水。

因为井是红军来了以后毛主席带领大家亲手挖的，所以乡亲们就给这口井起名叫"红井"。小小一口井，贮满清泉水，也贮满了共产党一心为民的深情厚意。

1934 年 10 月，红军长征离开瑞金后，国民党反动派卷土重来。为了消除红军及毛泽东对红都人民的影响，国民党反动派一次次用砂石填塞这口水井，而群众又一次次把井挖开。几填几挖，反映了国民党与群众的矛盾对立，也反映了群众与共产党心心相印。老百姓每逢遇到困难、受到欺压时，总是悄悄来到井边，默默坐在井旁，思念着远方的红军，思念着共产党，思念着毛主席。

1950 年，瑞金人民修缮了这口井，并在井边立一块木牌，上书“吃水不忘挖井人，时刻想念毛主席！”以此表达对毛主席的无限崇敬和思念。后来木牌改为石碑，加高加宽了井沿，井边建了“红井”简介碑和围栏。1961 年 3 月，“红井”被国务院列为全国重点文物保护单位。

如今，“红井”仍在使用，成为全国重点红色教育景点之一，是人们饮水思源的纪念地。来这里参观的人们都会被邀请喝一口井水，品味红军与群众的鱼水情谊。

（赣州职业技术学院　曾卫平）

感悟与思考

中国共产党的优良作风之一，就是关心群众，服务群众，依靠群众，时刻把群众的安危冷暖放在心上，千方百计帮助群众解决急愁难盼问题。早在中央苏区时期，毛泽东就是这么提倡的，更是这么做的。亲爱的同学，今天时代发展了，社会进步了，我们该怎样学习和发扬这种作风呢？

知识拓展

红都瑞金

瑞金是江西省直管县级市，位于江西省赣州市东部，是中华苏维埃共和国临时中央政府诞生地，是中央苏区的中心，也是红军长征的出发地之一。

“红都”这个光荣的称谓源于 20 世纪 30 年代初，毛泽东、朱德等在瑞金进行红色政权建设的探索。

1931年11月，中华苏维埃第一次全国代表大会（一苏大会）在瑞金叶坪村隆重召开。大会通过了《中华苏维埃共和国宪法大纲》等决议案。大会选出63人组成的中央执行委员会，宣告了中华苏维埃共和国的成立。

11月27日，中央执行委员会举行第一次全体会议，选举毛泽东为中央执行委员会主席和人民委员会主席。“毛主席”之称始于此时。会议还选举项英、张国焘为副主席，决定中华苏维埃共和国临时中央政府设在江西瑞金。瑞金由此成为中华苏维埃共和国的红色首都。

1934年1月，中华苏维埃共和国第二次全国苏维埃代表大会（全苏二大）在瑞金沙洲坝临时中央政府大礼堂召开。苏维埃中央政府主席毛泽东庄严宣布大会开幕并致开幕词。大会通过了修改后的宪法大纲等决议案和关于国旗、国徽、军旗的决定。

“全苏二大”的召开，是继“一苏大会”之后中华苏维埃共和国红色政权建设的又一辉煌成果。

❷ 毛主席照章交费

瑞金中央革命根据地历史博物馆收藏了一册苏区时期的账本，上面记载着毛主席廉洁自律的感人事迹。

1933 年 8 月 17 日，毛主席和江西军区兼东北战区指挥部参谋长陈奇涵一行四人，冒着酷暑，脚穿麻布草鞋，身背干粮袋，深入长胜县铲田区几个村子进行调查。他们接连召开群众会议，找乡村干部座谈，了解第一手情况，现场解决一些群众的实际问题。

铲田区苏维埃政府主席钟赤牯听说毛主席到村里来了，就急忙赶来，最后在一位红军家属家里找到了他们。

刚见面，钟赤牯便埋怨起来："主席，你们进山，咋不事先打个招呼，好让我们有个准备？"

毛主席闻言站起来，拍了拍走得满头大汗的钟赤牯的肩膀说："为什么一定要事先打招呼呢，下来后你们不是就知道了吗？现在不少干部下乡，总是兴师动众，生怕下面不知道，这种作风不好嘛！"主席的一番话，说得钟赤牯哑口无言。

当天晚饭，毛主席在村里吃晚饭，摆上桌的只有山芋粥、红薯，外加一盆咸萝卜干。钟赤牯觉得过意不去，执意要去弄点好吃的东西，被毛主席坚决制止了。晚上，毛主席、陈奇涵一行就住在区政府一所破旧的祠堂里。

次日清晨，毛主席、陈奇涵要赶回瑞金开会。临行前，毛主席嘱咐警卫员吴吉清说："我们要先走一步，等一下你去一趟区苏维埃政府财政部，按照规定结清食宿费后赶来和我们会合。"

在区财政部，当吴吉清要为毛主席交食宿费时，过去给地主打过长工，红军来了后才翻身得解放的区财政部长急得涨红了脸，说什么也不肯收钱。他说："毛主席下乡是帮我们办事，住上一宿，哪能收食宿的钱呢！"

吴吉清推辞不下，只好收回钱，匆匆往回赶。一行人会合后，毛主席问："小吴，食宿费结清了吗？"吴吉清只好如实汇报，吞吞吐吐地说出了区财政部长不肯收钱的事。

毛主席闻言大为生气，立即要求吴吉清再次返回，务必将食宿费交清。

陈奇涵参谋长眼看离区苏维埃政府已经很远了，便笑着说："主席，还是由我来办这件事吧，你们赶路要紧。"

毛主席紧握陈奇涵的手，叮嘱道："老陈，这件事你一定要办妥。我们是领导干部，在执行财政纪律方面更要严格，要做出表率，这样人民群众才会信任我们。"

陈奇涵郑重地点了点头，他快步赶回铲田区苏维埃政府，代表毛主席向区财政部转交了食宿费。

于是，铲田区苏维埃政府财政部的毛边纸账本上，便记载了这样一笔："十八号主席毛泽东住，到还大洋一元四角五分，陈奇寒。"

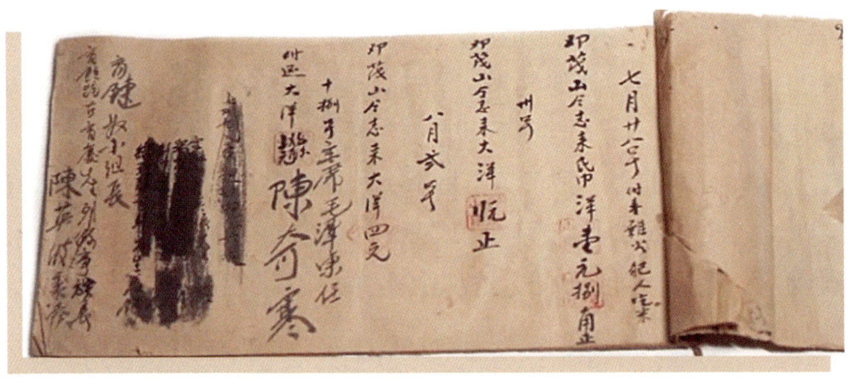

★毛泽东缴纳食宿费账簿（现藏瑞金中央革命根据地历史博物馆）。账簿上陈奇寒即陈奇涵

回到瑞金后，陈奇涵就此事专门向毛主席作了汇报，毛主席这才安心下来，并连声赞陈奇涵这件事办得好。

在物资极其匮乏的战争年代，毛主席下乡主动缴纳食宿费，这一件平凡小事充分体现了人民领袖真心爱民、一心为公、廉洁自律的高贵品质。

新中国成立后，铲田区的老同志将这册保存完整并盖有区苏维埃政府财政部大印的珍贵文物捐献给了瑞金中央革命根据地历史博物馆，成为革命领袖廉洁自律的生动见证。

（**撰稿：**赣州职业技术学院　曾卫平）

感悟与思考

这个故事讲述了毛泽东在革命战争年代以身作则、严守纪律、廉洁自律的事迹。毛泽东是这样提倡的，也是一辈子这样遵守的。亲爱的同学，现在社会物质条件已十分富足，你觉得我们还需要做到这样“不拿群众一针一线”吗?

知识拓展

中华苏维埃共和国

1931年11月，中华苏维埃第一次全国代表大会在江西瑞金召开，选举产生中华苏维埃共和国中央执行委员会，宣布成立中华苏维埃共和国临时中央政府，毛泽东当选为中央执行委员会主席和人民委员会主席。

中华苏维埃共和国是中国历史上第一个全国性的工农民主政权，是中国共产党在局部地区执政的重要尝试。中华苏维埃共和国临时中央政府的成立，在一定程度上加强了对处于被分割状态的各根据地的中枢指挥作用。

中华苏维埃共和国的建立，开启了共产党治国理政的伟大预演，在这里开始积累着如何治党、治军、治国和从事政权、经济、文化建设的经验。

③ 守望一生的爱情

“夜半三更哟——盼天明，寒冬腊月哟——盼春风，若要盼得哟——红军来，岭上开遍哟——映山红。”

这首《映山红》用感人的歌词和曲调，抒发了革命战争年代苏区人民盼望红军的无限深情，更唱出了被誉为共和国第一军嫂陈发姑一辈子的守望。

在江西瑞金，有一位老人叫陈发姑，年轻时她用劳作把盼望当红军的丈夫早些归来的情感压在心底，年老后她每天坐着凳子在村口翘首守望，守望自己几十年前当红军的丈夫归来。这一守望就是 75 年，被当地人尊称为最深情的军嫂。

陈发姑，1894 年出生在江西瑞金一个贫苦农民家庭，从小身世凄惨，在很小的时候，母亲就去世了，父亲将她送到同乡朱姓人家做童养媳，没多久，父亲也去世了。

陈发姑做童养媳后，虽然朱家的条件也很艰难，但是一家人待她很好。在对象朱吉薰 19 岁的时候，他们结为了夫妻。尽管日子过得很苦，夫妻俩倒很是恩爱。

1931 年 9 月，以瑞金为中心的中央革命根据地正式形成，当地很多年轻人踊跃参加红军，参加红军也成了年过 30 的朱吉薰的强烈愿望。陈发姑对丈夫的想法非常赞同，毅然支持朱吉薰参加红军。

有的村民对此很不理解，认为陈发姑是犯糊涂。陈发姑却说，大家都是贫苦人出身，参加红军是为老百姓过上好日子，当然应该全力支持。

于是，朱吉薰和村上的几十个年轻人，一起参加了红军。

1934 年 10 月，中央苏区第五次反“围剿”失败。陈发姑得到丈夫在于都集结，准备长征的消息，紧赶慢赶走了几十里山路到了于都，把亲手做的一双布鞋和一套衣服塞给丈夫。

夫妻离别，朱吉薰对陈发姑说：“等到革命胜利的那一天，我一定会回来的，你等着我！”

陈发姑泪眼汪汪地向丈夫保证：“家里放心，我一定会等你回来！”然而，

★共和国第一军嫂陈发姑雕像

谁也没有想到，这一别会是陈发姑和丈夫见的最后一面。

中央红军长征后，国民党军队占领了瑞金。陈发姑坚定地相信丈夫说过的话，她的红军阿哥一定会回来！凭着这个坚定的信念，她挺过了敌人的一次次迫害与折磨。可是直到新中国成立了，很多当年参加长征的瑞金籍红军都回到了家乡，她的丈夫朱吉薰却没有任何消息。

后来，当地政府经过专门调查，认定朱吉薰已经在长征途中牺牲了。但是陈发姑坚信，她的丈夫还活着，他们之间有过承诺，他一定会回来的。

日子在陈发姑的期待中一天天过去。有人劝陈发姑再嫁，但她坚决不同意，她固执地说："他是光荣的红军，我要守着我们两个人的家，哪天他回来了，找不到我会着急的！"

就这样，陈发姑每天默默地等着丈夫，从日出等到日落，从春天等到冬天，从少妇等到耄耋老人，真情守望丈夫 75 年，等到双目失明，也没有等到自己的丈夫归来。

2008 年 9 月，陈发姑老人带着对丈夫的无限思念，走完了她 115 年的人生。去世后，人们在她的床边发现一个编筐里放有 75 双草鞋。老人从 1934 年起，每年给丈夫做一双草鞋，哪怕后面眼睛看不见了，也没有放弃过。

陈发姑虽然没能盼到自己的丈夫归来，但她用一生的守望，谱写了一曲感人至深的爱情神话。当地政府给她立了一座雕像，并在雕像的底座镌刻了一首红军歌曲《莫念家》：“劝郎哥，莫念家，哥当红军妹当家，穿起军装拿起枪，英勇杀敌打天下。”

有人说，包办婚姻没有爱情；有人说，爱情应该充满浪漫和激情；也有人说，爱情必须以金钱和物质为基础；还有人说，爱情会随着时间和生活的磨砺而消逝。共和国第一军嫂陈发姑的爱情似乎一样也沾不上，但是她的爱情真挚、简单、固执，也特别动人，甚至穿透人心。

（**撰稿**：赣州职业技术学院　曾卫平）

感悟与思考

白居易在《长恨歌》中留下了“天长地久有时尽，此恨绵绵无绝期”的爱情名句，香港女作家张小娴也说：“爱情使人忘记时间，时间也使人忘记爱情。”红军军嫂陈发姑却能用一生来守望爱情，并且是那种被徐志摩等很多人所蔑视的包办婚姻的爱情。同学们，今天的你们，对爱情一定有更美好的追求，你们怎样看待陈发姑的爱情呢？

知识拓展

长　征

长征是指1934年10月至1936年10月，中国共产党领导的红一方面军、红二方面军、红四方面军和红二十五军分别从各苏区进行战略撤退和转移。其中红一方面军行程二万五千里，因此长征又常被称作二万五千里长征。

1934年10月10日晚，中央红军开始实施战略转移。中共中央、中革军委机关也由瑞金出发，向集结地域开进。10月16日，各部队在于都河以北地区集结完毕。从17日开始，中央红军主力五个军团及中央、军委机关和直属部队共8.6万余人，踏上战略转移的征途，开始了著名的长征。

大体转移经过为：瑞金出发→挺进湘西→冲破四道封锁线→改向贵州→渡过乌江→夺取遵义→四渡赤水河→巧渡金沙江→强渡大渡河→飞夺泸定桥→翻雪山→过草地→到达陕北吴起镇→甘肃会宁会师。

1936年10月9日，红四方面军指挥部到达甘肃会宁，同红一方面军会合。22日，红二方面军指挥部到达甘肃隆德将台堡（今属宁夏回族自治区），同红一方面军会合。至此，三大主力红军胜利会师，长征结束。

中国工农红军的长征是一次理想信念的伟大远征，是一次检验真理的伟大远征，是一次唤醒民众的伟大远征，是一次开创新局的伟大远征。长征的胜利，充分表明中国共产党及其领导的中国工农红军是一支不可战胜的力量。

红军长征，铸就了伟大的长征精神。这就是：把全国人民和中华民族的根本利益看得高于一切，坚定革命的理想和信念，坚信正义事业必然胜利的精神；为了救国救民，不怕任何艰难险阻，不惜付出一切牺牲的精神；坚持独立自主、实事求是，一切从实际出发的精神；顾全大局、严守纪律、紧密团结的精神；紧紧依靠人民群众，同人民群众生死相依、患难与共、艰苦奋斗的精神。长征精神为中国革命不断从胜利走向胜利提供了强大精神动力。

4 风雨同心十七棵松

江西省瑞金市叶坪乡，连绵的群山中有一个被当地人称作“红军村”的小村庄——华屋村。

在该村的后山上，有 17 棵高大的青松整齐排列，它们遮天蔽日、迎风沐雨，似乎在诉说着苏区时期一个个感人至深的故事。

★傲立山头的十七棵松成为历史的见证

20 世纪 30 年代初，中央苏区在赣南闽西建立，国民党反动派为消灭红军，消灭根据地，多次发动军事“围剿”。为了打破敌人的“围剿”，保卫人民的胜利果实，中央苏区开展了大规模的“扩红”运动。

距离中央苏区中心瑞金不远的华屋村，当时只有 43 户人家，但在中央扩红队的唢呐和山歌声中，却有 17 名青年先后参加了红军。

1934 年 10 月，由于王明“左”倾教条主义错误，中央苏区第五次反“围剿”失败，中央红军被迫实行战略转移，开始长征。

部队出发前，华屋村这 17 位红军战士回村与亲人道别。为了表达对中国革命必胜的坚定信念，对家乡亲人的热爱，他们商量，每人到后山种植一棵松树，并约定革命胜利后一起返乡；同时还作出承诺，如果有人牺牲了，活着的人不仅要为死去的兄弟照顾好父母，还要照看好这些松树。

他们中最小的华崇宜，当时年仅 15 岁。父母深知儿子此去枪林弹雨，定会有流血牺牲，非常舍不得，但还是支持华崇宜跟随部队出征。出发前夕，华崇宜父母扛着锄头，带着华崇宜登上后山，在山坡上挖了一个又大又深的坑，栽下一棵挺直的小松树。

华屋村原苏维埃主席、时任中华苏维埃共和国国家政治保卫局文书的华质彬，时年 39 岁，是华屋村第一个参加红军的人，也是全村送郎当红军的领头人和 17 位红军中年纪最大的。离家的这天，天下着大雨，他再三叮嘱妻子要照看好孩子。随后，他穿上蓑衣，戴上斗笠，快步走出家门。

看到爸爸又要出门，他 9 岁的儿子华丕恢追出门外，大声哭喊着爸爸不要走。听到儿子的喊声，华质彬没有停下脚步，他知道，一旦停下脚步，就真的不忍心走了。华丕恢怎么也想不到，这次爸爸的离开，竟然成了他们父子的生离死别。父亲穿蓑衣、戴斗笠，冒雨前行的背影，永远定格在他幼小的头脑中。

★华钦材烈士的儿子在松树前讲红军故事

华钦材的儿子华崇祁从来没见过父亲，他小时候经常听妈妈说："你和你父亲长得很像，你爸爸是个有文化的人，是一个特别忠厚老实的人，毛笔字写得特别好……"有一次，华崇祁不小心弄断了毛笔架，母亲严厉地批评了他，而他则默默地把弄断的毛笔架包好，收藏起来。他没有见过父亲出征，没有见过父母离别，但他特别清楚妈妈一辈子对爸爸的思念。长大后每次想起父亲，华崇祁都会拿出这些东西细细端详，想象爸爸的模样，想象父亲毅然离家，追赶红军队伍的情景。

还有其他14位红军，他们离开家乡时，是什么情景，心情怎样，说了什么，没有任何记录，全部都化作了历史的云烟。

80多年来，17棵松树在乡亲们的精心呵护下茁壮成长，他们的主人，却全部牺牲在长征途中，没留下多少生平事迹和遗物，以致我们今天想讲一讲他们动人的故事都难以找到材料。只留下这十七棵松树，傲立山头，栉风沐雨，成为历史的见证，成为坚定信念、追求理想的红军化身。

（**撰稿**：赣州职业技术学院　曾卫平）

感悟与思考

离别总是伤感的，更何况送别亲人上战场。亲爱的同学，当你读到这个故事时，你是否被红军战士爱乡恋家，又义无反顾为革命舍生忘死冲锋陷阵的精神所感动？今天的我们应该怎样发扬红军为国家、为人民勇于牺牲个人利益的精神？

知识拓展

红军为什么要长征?

1933年9月至1934年夏,中央苏区红军第五次反"围剿"作战,由于临时中央负责人博古(秦邦宪)和共产国际派来的军事顾问李德(又名华夫,原名奥托·布劳恩,德国共产党党员),先是实行冒险主义的进攻战略,后又实行保守主义的防御战略,致使红军屡战失利,中央苏区日渐缩小。

1934年4月,中央红军在江西广昌与国民党军进行决战,损失严重,形势危殆。

7月,中共中央和中央革命军事委员会命令红七军团组成北上抗日先遣队,向闽浙皖赣边挺进,建立新的苏区;命令红六军团从湘赣苏区突围西征,到湘中发展游击战争。中革军委派出两个军团分别北上、西征,意在调动国民党"围剿"军,以减轻中央苏区的压力,但未能达到目的。

10月初,国民党军向中央苏区的中心区域进攻,迅速占领了兴国、宁都、石城一线。中央红军的机动回旋余地更加缩小,在苏区内打破国民党军的"围剿"已无可能。为摆脱国民党军队的包围追击,中央主力红军被迫实行战略性转移,进行长征。

5 红色三兄弟

才溪乡位于福建省龙岩市上杭县。1929年3月，毛泽东、朱德率领中国工农红军征战赣南闽西，开辟了赣南闽西革命根据地，上杭县成为根据地的一部分。为壮大红军力量，保卫革命果实，当时苏区开展了轰轰烈烈的“扩红”运动，根据地人民积极参军，才溪乡出现了很多妻送夫、母送子参军的故事。“红色三兄弟”的故事就发生在这里。

★“红色三兄弟”的家乡才溪乡发坑村

下才溪发坑村农民林攀信，生有三个儿子，长子林金堂，次子林金森，老三林金香。金堂和金香长得像父亲，高个子，圆脸秀目，皮肤黝黑。金森长得像母亲，个子稍矮，肤白文静。三人都跟父亲种田、做木匠。1929年“才溪暴动”后，三兄弟不论在土改、支前或其他运动中，都表现积极。金堂入了党，金森、金香入了团，兄弟三个时常同出同进，还有个共同的爱好——学吹号。

不久，乡里开展第一次“扩红”，年轻人纷纷报名，弟兄三人当然也不甘落后。可是名额有限，乡里打算在他们三个人中挑选一个。

于是大哥劝两个弟弟说："当红军我们都应该去，但是你们力气没有哥哥大，而且出门少，没有哥哥老练，还是让我先去，你们留在家里搞好工作，耕好田地支援前线。"

"不！我先去！""不！我先去！"两个弟弟都不同意。

二弟金森急切地对哥哥说："你虽然比我大四岁，但今年我也足足20了，论个子不比你矮，论力气也不比你小。再说哥哥你有老婆，又会当家，耕田本事也比我高，留我在家实在不如留你……"

三弟金香在一旁焦急不安，他想到自己年纪最小，力气也比较差，不由皱起眉头撅着嘴，正想说些什么，大哥的话又抢在前头："说起耕田，大家都会，如果说起老婆的事，那你金森更不能去了，爸妈不是已为你做好了新床、新被吗？过不久新娘子就要过门啦！"说得金森脸红耳赤，不知说什么好。

金香见有了搭腔的机会，赶紧接上："大哥二哥不要争，当红军都是为人民。现在家里不比先前，不受压迫，无人欺侮，又有田耕又有饭吃，碰到困难政府还帮助料理。你们不要小看我，照我看，我们到乡苏维埃讲理去，看我能不能当红军！"

三兄弟的母亲名叫王永玉，此时在家煮好了午饭，丈夫也从田里收工回来了，饭冷了，菜也凉了，还不见三个孩子回来。王永玉知道准是到乡里去了，就一路找去。一进乡里的门，就见三兄弟正在乡苏主席面前吵吵嚷嚷要求参军，不禁叫了声："饭也不吃啦！"

乡苏主席正被他们缠得无法对付，见王永玉来了，便笑着问："你说该让谁先去？乡里名额就那么多。"

母亲看着面前的三个孩子，一时不知说什么好。

"妈，你就说三个都去。"三兄弟异口同声地说。原来他们在路上都已经商量好了，"谁也不要自私，要去一同去！"兄弟三人目光齐刷刷地看着乡苏主席和母亲。母亲慈祥的脸上浮起了微笑："我讲不作数，要乡里批准才有用。"

"不妨讲一讲。"乡苏主席说。

"好吧，我说。"她好像早有考虑似的，"为了好光景，三个去当红军我都同意，也放心。要是这次只准一个的话，那……"她见三个孩子都充满期待，不由地停顿了一下，"那就让金堂先去吧！"

金堂顿时笑开了。母亲未待孩子插嘴，忙解释说："金森没有哥哥沉稳，金香年纪还小，晚上睡觉还会踢被子，过几年再去。"

金森听了妈妈的话，急得不知如何是好。金香则皱紧眉头，走到妈妈面前直跺脚，嘴里嚷着："我比哥哥没有矮多少，我要去，我要去！……"

兄弟三人的革命热忱使乡苏主席高兴万分，他拍拍金森、金香的肩膀："好后生！以后少不了要你们出力。"又进行了一番解释和鼓励，三兄弟才勉勉强强回家去了。

几天后，乡里公布了参军名单。谁也没有想到，三兄弟中被批准参加红军的不是金堂，也不是金森，而是金香。因为乡里的工作需要金堂留下。金森呢，虽比金香大，但这次部队缺少号兵，而金香的小号吹得比金森好，是乡里数一数二的小号手。

金堂空欢喜一场，但想到自己是个共产党员，应该服从工作需要，也就没说什么。金森还不罢休，跑到乡苏维埃政府要求了好几次，甚至哭了，都没有结果。

出发的日子到了，村前村后锣鼓喧天，鞭炮声、欢呼声响成一片，群众排成长长的行列，欢送自己的子弟参军。和金香一起参军的有一百多个年轻人，金香和所有参军的人一样，胸前挂着大红花，兴致勃勃地向送他到区苏维埃的父母、兄嫂告别。

金森对没有被批准参军有些情绪，甚至有点怪父母过早为他找对象！他始终不同意那么早结婚，总是说："当了红军再说，不愁没有老婆。"这以后，他每天早起，又是参加赤卫队操练，又是练习吹号，决心争取下批参军。

转眼乡里又进行第二次"扩红"，金森的愿望终于实现了，他不仅参了军，还被分配到红军独立团和弟弟一样当上了号兵。每次战斗，他都表现得很勇敢。在攻打武平中堡时，他报名参加了敢死队，在扫清暗堡障碍时，他将3颗拉着了导火索的手榴弹一齐塞进敌碉堡，敌人拼命把手榴弹往外推，他用脊背全力堵住碉堡洞口。手榴弹爆炸了，敌人和碉堡炸飞了，金森用血肉之躯为红军开辟了冲锋的道路，英勇牺牲。

金森的牺牲燃起了兄弟复仇的怒火。金香在战场上英勇杀敌，立了功，入了党；金堂在乡里日夜努力工作，支援前线。

第三年，林攀信和王永玉不幸先后病故。临终前他们嘱咐金堂要为兄弟报仇，金堂把父母的遗嘱深深地记在心里。1933 年 4 月，金香随着红军队伍经过家乡，惊闻父母双亡，得悉父母的遗嘱，心里万分悲痛。他默默发誓：誓为二哥报仇！为革命不怕流尽最后一滴血！

1933 年，林金香所在的部队在江西某地执行任务时，不幸被敌人重兵包围。林金香机敏果断地引导部队杀出血路，然后留下担任阻击断后的任务。子弹打光了，他就用大刀与敌搏杀，最后壮烈牺牲。

1933 年底，敌人的“围剿”更加猖狂了，为了保卫苏区，保卫胜利果实，林金堂毅然吻别妻儿，加入红军行列，踏上了革命征途。他先是担任排长，不久调福建军区政治部工作，后任中央特派员。1934 年 1 月，他当选为先进代表，出席中华苏维埃共和国第二次全国苏维埃代表大会。在繁忙的工作和艰苦的生活中，林金堂积劳成疾，不幸于 1938 年 10 月在江西瑞金病逝。

林家“红色三兄弟”为了改变穷苦的命运，为了千百万劳苦大众过上幸福生活，不怕牺牲，前赴后继，诠释了听党话，跟党走，为党的事业献出一切的高尚精神，值得我们永远缅怀。

（撰稿：吉安职业技术学院 王霞）

感悟与思考

习近平总书记说：“党的根基在人民、党的力量在人民。”“红色三兄弟”的故事充分说明，依靠人民、服务人民、造福人民始终是中国共产党的工作方法和工作目标。

如今，经过全党全国各族人民持续奋斗，我们实现了第一个百年奋斗目标，在中华大地上全面建成了小康社会，历史性解决了绝对贫困问题，正在意气风发向着全面建成社会主义现代化强国的第二个百年奋斗目标迈进。作为新时代的青年大学生，我们应该怎样像当年的“红色三兄弟”一样，积极投入中华民族伟大复兴的事业之中呢？

知识拓展

扩　红

中央苏区建立后，蒋介石多次发动“围剿”。为保卫苏区，保卫胜利果实，中国共产党号召青年积极参军，扩大红军队伍，称为“扩红”。1933 年 2 月，中央苏区第四次反“围剿”，中央局提出在全国苏区“创造一百万铁的红军”的任务。1933 年 9 月，蒋介石集中 50 万兵力对中央苏区进行第五次“围剿”，而中央红军仅有 10 万人。中革军委从机关抽调得力干部组织突击队，完成 12 月底前中央苏区扩大新战士 2.5 万名的任务。广昌保卫战失利后，迅速扩大红军成为燃眉之急，中央局和中革军委决定，1934 年 5 月、6 月、7 月三个月扩大红军 5 万的计划，掀起了波澜壮阔的扩红运动。

第五章 可爱的中国

闽浙(皖)赣苏区，是20世纪30年代初土地革命战争时期最重要的苏区之一，范围包括赣东北、闽北、皖赣、皖南等大小6块苏区，纵横约50个县，人口近千万，由方志敏、邵式平等人领导创建。

在方志敏等人的领导下，闽浙（皖）赣苏区进行了很多创造性的工作，如发行股票，首创股份制；首创地雷战，把人民战争提高到新水平；首创对外开放的边贸政策，搞活苏区经济；首创列宁公园，加强苏区基本建设；创办学校和文教卫生机构，改善人民生活等等。这些开创性工作为苏区建设积累了很多经验，为中国革命作出了卓越的贡献。

方志敏是中国共产党早期重要领导人之一。他把“中国的面貌将会被我们改造一新”的美好理想进行了卓越的实践。他对中国的未来充满信心，“中国一定有个可赞美的光明前途！”

方志敏和他的战友们用生命和热血，进行了创造性的革命实践，谱写了极其壮美的爱国之歌！让我们记住他们的故事。

1 方志敏的穷生活

★方志敏烈士像

方志敏是江西党组织的创始人之一，是闽浙（皖）赣苏区的主要创建者。他历任县委书记、特委书记、省委书记、军区司令员、红十军政委、闽浙赣省苏维埃政府主席、中华苏维埃共和国中央主席团委员、中共中央委员。他职务越来越高，“官”越做越大，管的钱也越来越多，却始终没有利用职权牟取一分私利，没有改变清贫的生活作风。

1927 年 11 月，方志敏的妻子缪敏因从事革命活动，被国民党反动派抓捕，关押在鄱阳县监狱。由于没有暴露身份，妻兄缪镇东打算花钱消灾，拿四百块大洋去赎人。

想到方志敏掌管着党的活动经费，妻兄就找到方志敏借钱。方志敏听了缘由后说：“党的经费是公家的，哪能为救自家人，就拿出那么多钱去送给那些贪官污吏呢？”

妻兄想不通：“我救的虽是姐姐，但不也是你的妻子吗？怎么对自己人这么抠？”

方志敏语重心长地说：“我们的钱得来不易，要尽量节省，四百块大洋留下来，可以为党做许多事啊。”结果硬是没拿出一分钱来保释妻子。后来还是妻子机智坚定，始终没暴露身份，经组织营救才出狱。

由于方志敏长期在外进行革命工作，家庭因此饱受株连之苦，生活十分困难。

一次，方志敏母亲听说儿子当了“大官”，就大老远跑来方志敏的驻地，向儿子要些“饷银”补贴家用。

方志敏看到含辛茹苦、面有菜色的母亲，心里十分不安。但想到自己手里的钱财是党的经费，没有权力挪作家用时，又耐心诚实地对母亲说：“我当的是穷人的主席，手里的钱是用来给穷人办事的，还没有钱来奉养家里，真对不住您老人家！”

看到母亲有些失望，方志敏又给母亲讲了一番革命道理：“现在，革命才算起了个头，等将来革命胜利了，老百姓都过上了好日子，儿一定有钱奉养母亲！”

母亲只好空手而返，方志敏只能怀着深深的愧疚。

1931 年 11 月，为搞活苏区经济，方志敏邀请景德镇商会会长陈仲熙，带领白区参观团到赣东北苏区参观，并洽谈贸易事宜。为答谢方志敏的关怀，陈仲熙随身带来一块墨绿色的平绒衣料，打算礼赠方志敏。

他来到方志敏的住所，将平绒布放下，对方志敏妻子缪敏说：“这块布值不了几个钱，区区薄礼，表达我对朋友的一点心意。”

缪敏知道这份礼是不能收的，她一边婉拒，一边忙着为客人倒茶让座。陈仲熙趁缪敏不备，悄悄地走了。当缪敏看见桌上的布料，很是苦恼，心想：再追也来不及了，不如等丈夫回来再说吧。

方志敏回到家里得知此事，脸色阴沉地批评道：“白区商人的货物只能由对外贸易处统一收购，你私自留下他们的东西，就是变相受贿！”

说完，方志敏骑上马，一路追上参观团，硬是把那块平绒布料还给了陈仲熙。

随行的记者打趣说：“陈会长，你一世精明，大概不会想到，你的朋友竟一点面子都不给吧？”

陈仲熙大发感慨：“是啊，谁会想到，给共产党人送点礼，怎么就这么难呢？”

1935 年 1 月 29 日，方志敏率领北上抗日先遣队在怀玉山不幸被捕。两个国民党士兵看他像一个大官，便怀着满肚子希望在他身上搜来搜去，希望能搜出千儿八百大洋。可是，他们从方志敏的上身摸到下身，从袄领捏到袜底，大失所望的是，方志敏除了一块怀表和一支自来水笔之外，身上连一个铜板也没有。这个国民党曾经“赏洋八万”、“上马管军，下马管民”、经手款项上百万的共产党“大官”，竟然如此一文不名，实在令他们大感意外。

方志敏经常说：“苏维埃目前处在残酷的国内战争环境中，一切物资，一切力量，都要付与战争。苏维埃的工作人员是战争的领导者，自应以身作则，节衣缩食，刻苦耐劳，为着战争。”

后来，他在狱中写下《清贫》一文，其中写道:“清贫，洁白朴素的生活，正是革命者能够战胜许多困难的地方！”不仅道出了共产党人坚守为人民谋利益的宗旨，也指明了党赢得人民支持，取得革命胜利的原因。

（**撰稿**：上饶职业技术学院　王科福　章建人）

感悟与思考

1. 方志敏是党的高级领导人，经手的钱财很多，自己却过着清贫的生活，以致被俘时国民党的士兵都不相信。亲爱的同学，你对方志敏的穷生活怎么看？

2. 方志敏在狱中写下《清贫》一文，其中有一句话:“清贫，洁白朴素的生活，正是革命者能够战胜许多困难的地方！”亲爱的同学，你能理解这句话的意义吗？今天，我们的物质条件已经非常丰富，还要过洁白朴素的生活吗？

知识拓展

赣东北苏区

赣东北苏区，又称闽浙（皖）赣苏区，位于福建、浙江、江西、安徽四省边界地区，全盛时期包括江西省的弋阳、横峰、上饶等20余县，福建省的崇安、建阳等12县，浙江省的江山、开化等13县，安徽省的婺源、祁门等7县，拥有100余万人口，红军发展到3万余人。闽浙（皖）赣苏区东临东海，西接鄱阳湖，北靠长江，南达闽江，直接威胁到九江、南昌、芜湖、南京、上海、杭州等反动统治的中心城市，具有重大军事战略意义。

方志敏是闽浙赣苏区创始人之一，是早期闽浙赣省委书记、第一任闽浙赣省苏维埃政府主席。在方志敏的正确领导下，闽浙赣苏区广大军民在对敌斗争上、在根据地经济建设上、在苏区党的建设上都有许多创造，得到毛泽东多次表扬。方志敏领导创建的根据地被毛泽东称赞为“方志敏式”的革命根据地和“模范的闽浙赣省”。

2《可爱的中国》诞生记

1934年12月，方志敏率领红军北上抗日先遣队向皖南进军，遭到国民党王耀武部的追击包围，一万多人仅有四百多人突出重围。1935年1月29日，方志敏在江西省玉山县怀玉山区被捕，囚于南昌国民党驻赣绥靖公署军法处看守所。

★方志敏戴着手铐脚镣（中）与难友在狱中

在六个月的囚徒生活中，方志敏写下了16篇约14万字的文稿，《可爱的中国》是其中著名的一篇。作者满怀爱国主义激情，把祖国比喻为“生育我们的母亲”，把帝国主义比喻为吸她血液的恶魔。他高声疾呼：“母亲快要死去了”，“救救母亲呀！”他指出，挽救祖国的“唯一出路”就是进行武装斗争，“中国是有自救的力量的”，“中华民族必能从战斗中获救！”在文章的结尾，方志敏充满向往地描绘了中国母亲和中国革命的光明前景：

到那时，中国的面貌将会被我们改造一新。所有贫穷和灾荒，混乱和仇杀，饥饿和寒冷，疾病和瘟疫，迷信和愚昧，以及那慢性的杀灭中国民族的鸦片毒物，这些等等都是帝国主义带给我们可憎的赠品，将来也要随着帝国主义的赶走而离去中国了。……到那时，到处都是活跃的创造，到处都是日新月异的进步，欢歌将代替了悲叹，笑脸将代替了哭脸，富裕将代替了贫穷，康健将代替了疾病，智慧将代替了愚昧，友爱将代替了仇恨，生之快乐将代替了死之忧伤，明媚的花园将代替了凄凉的荒地！这时，我们民族就可以无愧色的立在人类的面前，而生育我们的母亲，也会最美丽地装饰起来，与世界上各位母亲平等的携手了。

早在20世纪30年代，中国还极其贫弱，中国共产党领导的革命事业尚处于极其艰难的时期，方志敏就能以如此优美的文字，描绘一幅未来中国的美好蓝图，这是多么伟大的远见！那么，方志敏又是如何在狱中写出《可爱的中国》的呢？

方志敏被捕后，一开始被关在监狱“优待号”。为了软化和“改造”他，国民党又是山珍海味招待，又是花言巧语劝降。一些来“看望”他的国民党高官要员，“他们都承认我是一个革命者；不过他们认为我只顾到工农阶级的利益，忽视了民族的利益，好象我并不是热心爱中国爱民族的人”。他们对方志敏及共产党人的革命活动极尽诽谤和污蔑。

为了揭露敌人的恶意中伤和险恶用心，昭告共产党人爱国爱民的革命宗旨，阐明自己的爱国情怀，方志敏决心排除困难和干扰，要写出自己的真实思想。

1935年2月28日，方志敏在监狱与江西《民国日报》记者见面。当记者问是否向狱方提出“假以时间，俾写自传”时，方志敏说：“拟定数万言，唯以心绪不宁，迄未成就。”由此可见，方志敏在狱中早就萌生了用笔和敌人作斗争的想法。于是，他排除各种干扰，开始写作《可爱的中国》。

★方志敏在狱中写作用过的书桌

方志敏从“我很小的时候”不懂事写起，一直写到投身革命，创建苏维埃的人生经历：

★方志敏就义前遗照

17岁时，他在弋阳县立高等小学读书，受新文化运动影响，投身反帝反封建的五四运动。他曾热血沸腾地在学校告示栏写下“我方志敏誓死打倒日本帝国主义！”此时，他梦想成为中国历史上的岳飞或法国的拿破仑，训练军队，富国强兵。他说：“一个青年学生的爱国，真有如一个青年姑娘初恋时那样的真纯入迷。”高小毕业后，他考进江西省立甲种工业学校。后来，又考进九江南伟烈学校，想在这所教会学校学好英语，以便学习西方先进科学。这时他已确认“只有社会主义可以救中国”。不久，他在上海加入中国社会主义青年团，1924年加入中国共产党，爱国主义思想在不断升华。

青年时代，他的人生道路本可以有多种选择：可以攀附权贵“义父”张念诚，走上仕途；可以投靠洋人留学美国，条件只有一个，“要我相信基督教”。而他做不到，他说：“无论如何，我是不会相信基督教的……我要实际地去做革命工作了。”

于是，他毅然选择革命的救国之路。“从崩溃毁灭中，救出中国来，从帝国主义恶魔生吞活剥下，救出我们垂死的母亲来，这是刻不容缓的了。”

他在文中讲述了自己看到西方列强对中国任意宰割欺凌时的心情。他说：“朋友，想想看，只要你不是一个断了气的死人，或是一个甘心亡国的懦夫，天天碰着这些恼人的问题，谁能按下你不挺身而起，为积弱的中国奋斗呢？何况我正是一个血性自负的青年！”

在文章结尾，他表明了“一个待决之囚”的诚挚心迹：

假如我不能生存——死了，我流血的地方，或者我瘗（yì）骨的地方，或许会长出一朵可爱的花来，这朵花你们就看作是我的精诚的寄托吧！在微风的吹拂中，如果那朵花是上下点头，那就可视为我对于为中国民族解放奋斗的爱国志士们在致以热诚的敬礼；如果那朵花是左右摇摆，那就可视为我在提劲儿唱着革命之歌，鼓励战士们前进啦！

敌人的诽谤和污蔑，点燃了方志敏如火山爆发般的炽热爱国情怀，促使方志敏写成了《可爱的中国》这篇不朽的爱国主义名篇。这篇爱国主义的千古绝唱，正是一个共产党人对祖国、对人民的赤诚表白。这些用生命和心血凝成的文字产生了广泛而深远的影响，成为全党全国人民的精神财富，成为中华民族优秀文化的瑰宝，至今仍产生着并将继续产生着巨大的精神震撼力。

（**撰稿**：深圳职业技术学院　李强）

感悟与思考

1. 亲爱的同学，你在小学的语文课上读过方志敏《可爱的中国》吧？时间已经过去很久了，你也长大了。建议你抽空再读读这篇文章，用大人的眼光看看哪些文字最能感动你？

2. 亲爱的同学，对照一下当下的中国，你觉得方志敏当年的理想实现了吗？你对“我们的母亲，也会最美丽地装饰起来，与世界上各位母亲平等的携手了”这句话怎么理解？你是否想过要为“装饰”“我们的母亲”做些什么？

知识拓展

可爱的中国（节选）

我自入狱后，有许多人来看我；他们为什么来看我，大概是怀着到动物园里去看一只新奇的动物一样的好奇心罢？他们背后怎样评论我，我不能知道，而且也不必一定要知道。就他们当面对我讲的话，他们都承认我是一个革命者；不过他们认为我只顾到工农阶级的利益，忽视了民族的利益，好象我并不是热心爱中国爱民族的人。朋友，这是真实的话吗？工农阶级的利益，会是与民族的利益冲突吗？不，绝不是的，真正为工农阶级谋解放的人，才正是为民族谋解放的人，说我不爱中国不爱民族，那简直是对我一个天大的冤枉了。

…………

在我幼稚的脑筋中，作了不少的可笑的幻梦；我想在高小毕业后，即去投考陆军学校，以后一级一级的升上去，带几千兵或几万兵，打到日本去，踏平三岛！我又想，在高小毕业后，就去从事实业，苦做苦积，那怕不会积到几百万几千万的家私，一齐拿出来，练海陆军，去打东洋。读西洋史，一心想做拿破仑；读中国史，一心又想做岳武穆。这些混杂不清的思想，现在讲出来，是会惹人笑痛肚皮！但在当时我却认为这些思想是了不起的真理，愈想愈觉得津津有味，有时竟想到几夜失眠。

一个青年学生的爱国，真有如一个青年姑娘初恋时那样的真纯入迷。

…………

有时，我站在江边望望，就看见很多外国兵舰和轮船在长江内行驶和停泊，中国的内河，也容许外国兵舰和轮船自由行驶吗？中国有兵舰和轮船在外国内河行驶吗？如果没有的话，外国人不是明白白欺负中国吗？中国人难道就能够低下头来活受他们的欺负不成？！

…………

朋友，想想看，只要你不是一个断了气的死人，或是一个甘心亡国的懦夫，天天碰着这些恼人的问题，谁能按下你不挺身而起，为积弱的中国奋斗呢？何况我正是一个血性自负的青年！

…………

朋友！中国是生育我们的母亲。你们觉得这位母亲可爱吗？我想你们是和我一样的见解，都觉得这位母亲是蛮可爱蛮可爱的。以言气候，中国处于温带，不十分热，也不十分冷，好象我们母亲的体温，不高不低，最适宜于孩儿们的偎依。以言国土，中国土地广大，纵横万数千里，好象我们的母亲是一个身体魁大、胸宽背阔的妇人，不象日本姑娘那样苗条瘦小。中国许多有名的崇山大岭，长江巨河，以及大小湖泊，岂不象征着我们母亲丰满坚实的肥肤上之健美的肉纹和肉窝？中国土地的生产力是无限的；地底蕴藏着未开发的宝藏也是无限的；废置而未曾利用起来的天然力，更是无限的，这又岂不象征着我们的母亲，保有着无穷的乳汁，无穷的力量，以养育她四万万的孩儿？我想世界上再没有比她养得更多的孩子的母亲吧。至于说到中国天然风景的美丽，我可以说，不但是雄巍的峨嵋，妩媚的西湖，幽雅的雁荡，与夫“秀丽甲天下”的桂林山水，可以傲睨一世，令人称羡；其实中国是无地不美，到处皆景，自城市以至乡村，一山一水，一丘一壑，只要稍加修饰和培植，都可以成流连难舍的胜景；这好象我们的母亲，她是一个天姿玉质的美人，她的身体的每一部分，都有令人爱慕之美。中国海岸线之长而且弯曲，照现代艺术家说来,这象征我们母亲富有曲线美吧。咳！母亲！美丽的母亲，可爱的母亲，只因你受着人家的压榨和剥削，弄成贫穷已极；不但不能买一件新的好看的衣服，把你自己装饰起来；甚至不能买块香皂将你全身洗擦洗擦，以致现出怪难看的一种憔悴褴褛和污秽不洁的形容来！啊！我们的母亲太可怜了，一个天生的丽人，现在却变成叫化的婆子！站在欧洲、美洲各位华贵的太太面前，固然是深愧不如，就是站在那日本小姑娘面前，也自惭形秽得很呢！

听着！朋友！母亲躲到一边去哭泣了，哭得伤心得很呀！她似乎在骂着：“难道我四万万的孩子，都是白生了吗？难道他们真象着了魔的狮子，一天到晚的睡着不醒吗？难道他们不知道自己的伟大的团结力量，去与残害母亲、剥削母亲的敌人斗争吗？难道他们不想将母亲从敌人手里救出来，把母亲也装饰起来，成为世界上一个最出色、最美丽、最令人尊敬的母亲吗？”朋友，听到没有母亲哀痛的哭骂？是的，是的，母亲骂得对，十分对！我们不能怪母亲好哭，只怪得我们之中出了败类，自己压制自己，眼睁睁的望着我们这位挺慈祥美丽的母亲，受着许多无谓的屈辱，和残暴的蹂躏！这真是我们做孩子们的不是了，简直连一位母亲都爱护不住了！

朋友，看呀！看呀！那名叫“帝国主义”的恶魔的面貌是多么难看呀！……他们的血口，张开起来，好似无底的深洞，几千几万几千万的人类，都会被它吞下去！他们的牙齿，尤其是那伸出口外的獠牙，十分锐利，发出可怕的白光！他们的手，不，不是手呀，而是僵硬硬的铁爪！那么难看的恶魔，那么狰狞可怕的恶魔！一,二,三,四,五，朋友，五个可怕的恶魔，正在包围着我们的母亲呀！朋友，看呀，看到了没有？呸！那些恶魔将母亲搂住呢！用他们的血口，去亲她的嘴，她的脸，用他们的铁爪，去抓破她的乳头，她的可爱的肥肤！呀，看呀！那个戴着粉白的假面具的恶魔，在做什么？他弯身伏在母亲的胸前，用一支锐利的金管子，刺进，呀！刺进母亲的心口，他的血口，套到这金管子上，拼命的吸母亲的血液！母亲多么痛呵，痛得嘴唇都成白色了。噫，其他的恶魔也照样做吗？看！他们都拿出各种金的、铁的或橡皮的管子，套住在母亲身上被他们铁爪抓破流血的地方，都拼命吸起血液来了！母亲，你有多少血液，不要一下子就被他们吸干了吗？

嘎！那矮矮的恶魔，拿出一把屠刀来了！……好大胆的恶魔，居然向我们母亲的左肩上砍下去！母亲的左臂，连着耳朵到颈，直到胸膛，都被砍下来了！砍下了身体的那么一大块——五分之一的那么一大块！母亲的血在涌流出来，她不能哭出声来，她的嘴唇只是在那里一张一张的动，她的眼泪和血在竞着涌流！朋友们！兄弟们！救救母亲呀！母亲快要死去了！

…………

哑！那是什么人？他们也是中国人，也是母亲的孩子？那么为什么去帮助恶魔来杀害自己的母亲呢？你们看！他们在恶魔持刀向母亲身上砍的时候，很快的就把砍下来的那块身体，双手捧到恶魔血口中去！他们用手拍拍恶魔的喉咙，使它快吞下去；现在又用手去摸摸恶魔的肚皮，增进它的胃之消化力，好让快点消化下去。他们都是所谓高贵的华人，怎样会那么恭顺的秉承恶魔的意旨行事？委屈求欢，丑态百出！可耻，可耻！傀儡，卖国贼！……你们当傀儡、当汉奸、当走狗的代价，至多只能伏在恶魔的肛门边或小便上，去吸取它把母亲的肉，母亲的血消化完了排泄出来的一点粪渣和尿滴！那是多么可鄙弃的人生呵！

朋友，看！其余的恶魔，也都拔出刀来，馋涎欲滴地望着母亲的身体，难道也象矮的恶魔一样来分割母亲吗？啊！不得了，他们如果都来操刀而割，母亲还能活命吗？她还不会立即死去吗？那时，我们不要变成了无母亲的孩子吗？咳！亡了母亲的孩子，不是到处更受人欺负和侮辱吗？朋友们，兄弟们，赶快起来，救救母亲呀！无论如何，不能让母亲死亡的呵！

朋友，你们以为我在说梦呓吗？不是的，不是的，我在呼喊着大家去救母亲呵！再迟些时，她就要死去了。

朋友，从崩溃毁灭中，救出中国来，从帝国主义恶魔生吞活剥下，救出我们垂死的母亲来，这是刻不容缓的了。但是，到底怎样去救呢？是不是由我们同胞中，选出几个最会做文章的人，写上一篇十分娓娓动听的文告或书信，去劝告那些恶魔停止侵略呢？还是挑选几个最会演说、最长于外交辞令的人，去向他们游说，说动他们的良心，自动的放下屠刀不再宰割中国呢？抑或挑选一些顶善哭泣的人，组成哭泣团，到他们面前去，长跪不起，哭个七日七夜，哭动他们的慈心，从中国撤手回去呢？哀求帝国主义不侵略和灭亡中国，那岂不等于哀求老虎不吃肉？那是再可笑也没有了。我想，欲求中国民族的独立解放，决不是哀告、跪求哭泣所能济事，而是唤起全国民众起来斗争，都手执武器，去与帝国主义进行神圣的民族革命战争，将他们打出中国去，这才是中国唯一的出路，也是我们救母亲的唯一方法，朋友，你们说对不对呢？

…………

中国真是无力自救吗？我绝不是那样想的，我认为中国是有自救的力量的。最近十几年来，中国民族，不是表示过它的斗争力量之不可侮吗？弥漫全国的“五卅”运动，是着实的教训了帝国主义，中国人也是人，不是猪和狗，不是可以随便屠杀的。省港罢工，在当时革命政权扶助下，使香港变成了臭港，就是最老牌的帝国主义，也要屈服下来。以后北伐军到了湖北和江西，汉口和九江的租界，不是由我们自动收回了吗？在那时帝国主义在中国的威权，不是一落千丈吗？……

…………

不错，目前的中国，固然是江山破碎，国弊民穷，但谁能断言，中国没有一个光明的前途呢？不，决不会的，我们相信，中国一定有个可赞美的光明前途。中国民族在很早以前，就造起了一座万里长城和开凿了几千里的运河，这就证明中国民族伟大无比的创造力！中国在战斗之中一旦斩去了帝国主义的锁链，肃清自己阵线内的汉奸卖国贼，得到了自由与解放，这种创造力，将会无限的发挥出来。到那时，中国的面貌将会被我们改造一新。所有贫穷和灾荒，混乱和仇杀，饥饿和寒冷，疾病和瘟疫，迷信和愚昧，以及那慢性的杀灭中国民族的鸦片毒物，这些等等都是帝国主义带给我们可憎的赠品，将来也要随着帝国主义的赶走而离去中国了。朋友，我相信，到那时，到处都是活跃跃的创造，到处都是日新月异的进步，欢歌将代替了悲叹，笑脸将代替了哭脸，富裕将代替了贫穷，健康将代替了疾苦，智慧将代替了愚昧，友爱将代替了仇杀，生之快乐将代替了死之悲哀，明媚的花园，将代替了凄凉的荒地！这时，我们民族就可以无愧色的立在人类的面前，而生育我们的母亲，也会最美丽地装饰起来，与世界上各位母亲平等的携手了。

这么光荣的一天，决不在辽远的将来，而在很近的将来，我们可以这样相信的，朋友！

…………

我老实的告诉你们，我爱护中国之热诚，还是如小学生时代一样的真诚无伪；我要打倒帝国主义为中国民族解放之心还是火一般的炽烈。不过，现在我是一个待决之囚呀！我没有机会为中国民族尽力了，我今日写这封信，是我为民族热情所感，用文字来作一次为垂危的中国的呼喊，虽然我的呼喊，声音十分微弱，有如一只将死之鸟的哀鸣。

啊！我虽然不能实际的为中国奋斗，为中国民族奋斗，但我的心总是日夜祷祝着中国民族在帝国主义羁绊之下解放出来之早日成功！假如我还能生存，那我生存一天就要为中国呼喊一天；假如我不能生存——死了，我流血的地方，或者我瘗骨的地方，或许会长出一朵可爱的花来，这朵花你们就看作是我的精诚的寄托吧！在微风的吹拂中，如果那朵花是上下点头，那就可视为我对于为中国民族解放奋斗的爱国志士们在致以热诚的敬礼；如果那朵花是左右摇摆，那就可视为我在提劲儿唱着革命之歌，鼓励战士们前进啦！

亲爱的朋友们，不要悲观，不要畏馁，要奋斗！要持久的艰苦的奋斗！把各人所有的智慧才能，都提供于民族的拯救吧！无论如何，我们决不能让伟大的可爱的中国，灭亡于帝国主义的肮脏的手里！

（节选自《方志敏文集·可爱的中国》）

3 财政部长三条腿的办公桌

★张其德烈士（画像）

20世纪30年代，在方志敏领导创建的闽浙（皖）赣苏区，有一位深受群众爱戴的财政干部——张其德。他像方志敏一样，恪守中国共产党全心全意为人民服务的宗旨，保持艰苦奋斗的优良作风，成为苏区干部的好榜样。

张其德文化程度不高，但为人正派，深得方志敏的信任，一直担任闽浙赣省苏维埃政府财政部长和赣东北特区贫民银行行长。

1931年，国民党反动派对苏区进行军事“围剿”，并实行严密的经济封锁，造成苏区食盐紧缺。有一次，他的儿子去看他，中午在部队食堂吃饭。

儿子夹了一口菜：“欸，这菜怎么这么淡？是忘了放盐吧？”

儿子看到隔壁房间存放了一堆食盐，就拿个小勺，径直到盐堆上刮一点，准备放进菜里，却遭到张其德的制止：“这些盐是红军用生命和鲜血换来的，红军要打仗，没盐吃身体没劲，就打不了胜仗。现在你还小，不用干重体力活，一餐不吃盐不要紧。”硬是让儿子吃了一顿没盐的饭。

张其德担任赣东北特区贫民银行行长，手中掌管着大把的金条、银元和现钞，但身上穿的总是打了补丁的衣裤，脚上穿的总是一双乡土布鞋或草鞋，每天的菜金同大家一样只有四分钱。

闽浙赣省苏维埃政府刚成立时，方志敏请张其德负责添置省直机关领导的办公桌椅。当时，省财政收入不多，又极不稳定，张其德为了把有限的资金用于苏区建设，就找老乡买旧的桌椅做办公用。

他在一徐姓老乡那里，买了一张桌子和两把椅子。老乡对张其德很熟悉，见价格公道，在卖了旧桌椅后，就把靠在墙角的一张断了一条腿的桌子送给了张其德。

在张其德的努力下，省苏领导每人都分发到一张旧办公桌，他自己却没

闽浙赣省发行的决战公债券

有。同在财政部工作的同志提出再买一张，张其德没有同意。他想起那张徐姓老乡送的少了一条腿的桌子，就把破桌子抬出来，看了看，拍了拍，说：“不用买了，它就是我的办公桌。”说完就把那张三条腿的桌子搬到自己办公的地方，把断腿的一边靠着柱子，用绳子将桌子捆绑固定在柱子上，将就着用。

几天后，那个徐姓老乡来找张其德办事，走进办公室，抬头看看他们办公的房子，低头看看三条腿的破桌子，不解地问：“张部长，你这个大行长管着千金万银，怎么也不缺买一张桌子的钱吧？这张断腿的桌子我是送给你做劈柴烧锅用的，你怎么真把它做桌子用呢？”

张其德平静地说：“老乡呀！我虽然掌管苏维埃的钱财，但富日子还得当穷日子过呀！你看，这桌子不是一样用吗？”说得老乡直点头。

随着革命形势的发展，闽浙赣省苏维埃政府的财政收入增加了，财政部请了几个木工干活，不少人劝张其德做一张新办公桌，他总是婉言拒绝。

有一天，在红十军工作的一个老战友来闽浙赣省苏维埃政府驻地葛源开会，看到张其德这张三条腿的办公桌，禁不住笑起来：“哈哈，你这个堂堂的财政部长，有的是金条、银元、现钞，却连一张办公桌都买不起，这不有损省苏政府的形象吗？赶快做一张新的吧！”

张其德却说：“同志哥呀！如今我们虽然家业大了，但过日子不容易，革命才起个头，还得勒紧裤带呀！”说得老战友肃然起敬。

在革命战争年代，正是因为方志敏、张其德等共产党人具有这种崇高的精神品格，才让人民群众认识了中国共产党，认识了工农红军，从而真心拥护党、拥护红军，中国共产党才最终取得全国胜利，建立了新中国。

（撰稿：上饶职业技术学院　王科福　章建人）

感悟与思考

艰苦奋斗是中华民族的传统美德，也是中国共产党的优良作风。今天，我们的物质条件已经相当丰富，甚至提倡用消费拉动经济，还需要发扬艰苦奋斗的精神吗？生活中的你能做到艰苦奋斗吗？

知识拓展

苏维埃政府

苏维埃是俄文“Советский”的音译，意即“代表会议”或“会议”，是俄国人民在革命斗争中创造出来的以工人、农民、士兵为主体的政权组织形式。

蒋介石发动四一二反革命政变后，中国共产党领导人民开展武装斗争，在全国各地建立革命根据地时，普遍建立了苏维埃政权，故当时的革命根据地亦称“苏区”。从此，“苏维埃”一词作为政权组织形式的名称，由中国共产党在局部执政的条件下进行执政探索时所普遍使用。

1927年11月16日，中国第一个县级苏维埃政府在广东省陆丰县成立；1930年7月30日，中国第一个省级苏维埃政权——湖南省苏维埃政府在长沙成立；1931年11月7日至20日，在江西瑞金召开的中华苏维埃第一次全国代表大会，宣布成立中华苏维埃共和国临时中央政府。

第六章 遵义转折

1934 年 10 月，由于第五次反“围剿”失败，中共中央、中革军委率中央红军主力 8.6 万多人，踏上战略转移的漫漫征程，开始了世界历史上前所未有的壮举。

原来推行“左”倾错误的临时中央领导人，在进行突围和战略转移时又犯了退却中的逃跑主义错误，并且把战略转移变成搬家式的行动，造成部队行动迟缓，对于行军打仗极为不利。突破国民党军的四道封锁线、渡过湘江后，中央红军从长征出发时的 8.6 万多人锐减到 3 万多人。

湘江战役后，党内对中央红军的前进方向，一直进行着激烈的讨论。1934 年 12 月，中央政治局在贵州黎平举行会议，根据毛泽东的建议，通过决议，放弃到湘西北同红二、红六军团会合的计划，改向贵州北部进军。1935 年 1 月 7 日，红军攻克黔北重镇遵义。一个决定党和红军命运的转折点正在到来。

1935 年 1 月，党中央在遵义召开了政治局扩大会议，集中解决当时具有决定意义的军事和组织问题。遵义会议是党的历史上一个生死攸关的转折点。这次会议在红军第五次反“围剿”失败和长征初期严重受挫的历史关头召开，事实上确立了毛泽东在党中央和红军的领导地位，开始确立了以毛泽东为主要代表的马克思主义正确路线在党中央的领导地位，开始形成以毛泽东为核心的第一代中央领导集体，开启了党独立自主解决中国革命实际问题的新阶段，在最危急关头挽救了党、挽救了红军、挽救了中国革命。

遵义会议后，中央红军在毛泽东等指挥下，迂回穿插于敌人重兵之间，接连取得了四渡赤水、巧渡金沙江等战役的伟大胜利，摆脱了几十万国民党军队的尾追堵截，取得了战略转移中具有决定意义的胜利。

这期间产生的红色故事，也充满了艰难曲折，值得品读和回味。

❶ 张闻天、王稼祥橘园“开小会”

遵义会议是中国共产党历史上一次具有重大转折意义的会议。但在会议之前，当时的中央政治局委员、中央书记处书记张闻天和中央政治局委员、红军总政治部主任王稼祥先开了一个“橘园小会”，为遵义会议确立毛泽东的红军领导权做了思想准备，却是鲜为人知的。

1934 年 12 月 20 日，中央红军在黎平会议后继续向西前进，军委纵队到达黄平县境后，发现有一片茂密的橘林，就在橘园里休息。由于张闻天和王稼祥都是病号，行军途中他们都躺在担架上，于是，他们也从担架上下来休息一下。

野外没有桌凳，他们两人只好头对头、背对背靠着。稍微缓过点神，他们就开始议论当时的形势。

王稼祥忧心忡忡地问：“红军最后的目标，中央定在什么地方？”

张闻天说：“没有一个确定的目标。他们摇摆不定，怕是不能确定下来。”

★张闻天与王稼祥“开小会”的橘园旧址

王稼祥说："不能让他们再继续下去了，一定要实质性地解决问题。"

"你是说改换领导？"张闻天自然听得懂他的意思，"这仗这样打看起来不行，我们要尽快把老毛推出来，他打仗比我们有办法。"

"这是理所当然的。纵观全军上下，全党上下，唯老毛治兵用人无所不宜，学足以通古，才足以御今，智足以应变……"王稼祥胸有成竹地说，"到了遵义，要把李德轰下台！"

他们觉得有必要召开一个中央政治局会议，讨论由谁来指挥红军作战的问题。

当天晚上，这个消息在红军几位主要将领中不胫而走，大家都赞成要开个会。

其实，还在中央苏区时，许多干部就对博古、李德在军事指挥上的错误产生了怀疑和不满，一些军团指挥员在作战电报和报告中提出了批评意见，有些同志甚至同李德发生了激烈的争论。毛泽东也多次提出自己的正确主张，但都没有被接受。长征开始后，随着红军作战多次失利，特别是湘江战役的惨重损失，使这种不满情绪达到顶点。党和红军的许多领导人和广大指战员，从正反两方面的经验教训中认识到，第五次反"围剿"的失败和红军战略转移中遭受的挫折，是排斥了毛泽东的正确领导、贯彻执行了错误军事方针的结果。他们强烈要求改换红军领导，改变作战方式。毛泽东在行军途中也对王稼祥、张闻天及一些红军干部反复进行深入细致的工作，向他们分析第五次反"围剿"和长征开始以来中央在军事指挥上的错误，得到他们的支持。周恩来、朱德与博古、李德的分歧越来越大，也支持毛泽东的正确意见。

在这种情况下，张闻天和王稼祥在橘园开"小会"的"议题"，就是广大红军官兵共同的想法。

1935 年 1 月 7 日，红军占领了黔北重镇遵义，补充了给养，赢得了一段宝贵的休整时间。于是，召开一次政治局会议，总结过去的经验教训，纠正红军领导的错误就成为大家的一致呼声。遵义会议召开的条件已经成熟。

遵义会议的原定议题，一是中央政治局审查黎平会议所决定的暂时以黔北遵义为中心，建立根据地的问题；二是总结长征出发后的教训。没有涉及人事变动问题。

张王"橘园开小会"内容传开后，红军高级将领们都赞成让毛泽东出来指挥红军。根据这一情况，毛泽东、张闻天和王稼祥三人商谈后一致认为，为了让党和红军的领导人更全面、更深刻地认识博古、李德军事指挥上的错误，必须认真总结第五次反“围剿”战争的失败，以及丢掉革命根据地、被迫进行战略转移的教训，才能使党和红军的高层认识到，不能让博古、李德再继续指挥下去了，并由张闻天起草一份批评“左”倾军事错误的报告提纲，提交会议讨论。这个意见得到了周恩来的首肯，同意把总结第五次反“围剿”的教训作为遵义会议的主要议题。

1935 年 1 月 15 日，中央政治局扩大会议在遵义老城贵州军阀柏辉章的公馆举行。在张闻天发言后，会议形成了批评博、李错误“一边倒”的局面。让毛泽东出来指挥红军，已是人心所向，大势所趋。

会议最后决定，增选毛泽东为中央政治局常委，取消博古、李德、周恩来组成的“三人团”，仍由最高军事首长朱德、周恩来为军事指挥者，而周恩来是党内委托的对于指挥军事下最后决心的负责者。遵义会议后不久，在常委中重新进行分工，以毛泽东为周恩来在军事指挥上的帮助者。

一个橘园“小会”，推动了一个大会议题的改变，从而改变了中国革命的走向，这不能不说是张闻天、王稼祥这样一批共产党人敢于发扬责任担当、实事求是精神的可贵贡献。就是今天，我们仍需要大力弘扬这种精神。

（**撰稿**：吉安职业技术学院　曾洁芸）

感悟与思考

很多时候，我们总是习惯听命于上级，服从于权威。亲爱的同学，你看了张闻天、王稼祥橘园开“小会”的故事，对他们敢于与错误路线作斗争的行为怎么看？今天我们提倡担当实干的精神到底应该怎么做？

知识拓展

张闻天

张闻天（1900—1976），上海南汇人，五四运动爆发后加入少年中国学会，1925 年 6 月加入中国共产党，同年冬被派往莫斯科中山大学学习。1931 年 2 月回到上海，任中共中央宣传部部长。同年夏被共产国际指定为中共临时中央政治局委员及政治局常委。1933 年初，随中央机关迁入江西中央苏区。1934 年 1 月，在中共六届五中全会上当选为中央政治局委员、中央书记处书记。2 月，在中华苏维埃二大上当选为中央政府人民委员会主席。遵义会议前夕，拥护毛泽东的正确主张，在遵义会议上作了批判“左”倾军事路线的报告，为会议的成功召开作出了重要贡献。

王稼祥

王稼祥（1906—1974），安徽泾县人。中学时参加反帝爱国运动。1925 年 8 月进入上海大学附中部学习，担任学生会主席，9 月加入中国共产主义青年团。同年冬，去苏联莫斯科中山大学学习，1928 年进入莫斯科红色教授学院学习，同年 2 月转为中国共产党党员。1930 年 3 月回到上海，1931 年 1 月任中共中央党报委员会秘书长和《红旗》《实话》总编辑。1931 年 4 月被派往中央苏区，任红军总政治部主任。11 月，在中华苏维埃第一次全国代表大会上当选为中央执行委员会委员，任外交人民委员会委员、中央革命军事委员会副主席。1933 年 4 月，在第四次反“围剿”中负重伤。1934 年 10 月参加长征。长征途中，为遵议会议的酝酿、召开以及贯彻遵义会议的决议，作出了重大贡献，毛泽东曾对此评论，他在遵议会议上投了“关键一票”。

❷ 军阀公馆做会场

遵义，北倚娄山，南临乌江，罗山带水，形势险峻，是黔北重镇。

在遵义市老城区红旗路（老地名为子尹路琵琶桥）80号，耸立着一栋砖木结构、中西合璧的两层楼房。这座建筑始建于20世纪30年代，原是贵州军阀、黔军第二十五军第二师师长柏辉章的私人官邸。1935年1月15日至17日，在这个建筑的二楼一个房间内，中共中央在此召开政治局扩大会议，这就是中国革命史上鼎鼎有名，被誉为中国革命转折点的遵义会议。

1935年1月，中央红军攻克遵义后，时任中央红军总司令部作战参谋的曾美，随中央纵队驻扎遵义城。

1月10日，周恩来副主席对曾美下了一道命令："中央准备召开一次特别会议，参会人员较多，内容十分机密，需要找一所安全且大一点的宅院，你去侦察一下。"

接受任务后，曾美挎上枪，满遵义城寻找起来。当他来到子尹路琵琶桥时，看见一幢砖木结构、通体用灰砖砌成的两层洋楼。

★遵义会议会址（遵义会议纪念馆）

★遵义会议会场内景

经打听，这幢洋楼是贵州军阀柏辉章的公馆。洋楼屋面盖小灰瓦，歇山式屋顶上开了一个“老虎窗”，有抱厦。整个建筑分主楼、跨院两部分。主楼四周有回廊，楼房的檐下柱间有十个券拱支撑，东西两端各有一转角楼梯，外面加有一道木栅栏。主楼和跨院之间伸出一个船形的楼房。公馆大门临街，门两侧是八间铺面，铺面居中有一小牌楼。厅后是一座砖彻牌坊。牌坊后是天井，天井南侧有小门通柏家的内四合院。跨院是黔北民居四合院风格建筑，坐东向西，由东屋、北屋、南屋、西屋四部分组成。

此时，柏辉章正奉蒋介石之命在外拦截红军，这里只有一个看门人。曾美说明身份后，看门人领着他走进宅院查看。柏公馆坐北朝南，左侧和南面是住房，再进去是个大厨房，中间是客厅，沿左侧楼梯上楼有一个大房间，非常适合开会。曾美查看后，确认没有安全问题，他心想：“好！这正是理想的红军总部驻地，也是一个开会的好地方！”

于是，曾美迅速将情况汇报给周恩来。周恩来随即命令作战科搬进这所公馆，楼下设作战室，作战参谋就在作战室工作。随后，红军总司令部、军委领导同志陆续进驻公馆。

1 月 15 日，著名的遵义会议在这里召开了。开会时，曾美和另外七名作战参谋两人一组轮流在楼下作战室值班。值班过程中，如果不是紧急情况，就记录在“阵中日记”上，只有紧急情况才能打扰楼上的领导。这次会议一共进行了三天，每天下午三四点开始，一直持续到深夜，成为中共党史上的一座里程碑。

（**撰稿：**遵义职业技术学院　李成霞）

柏辉章公馆

遵义会议会址位于贵州省遵义市红旗路 87 号，这地方原是黔军第二十五军第二师师长柏辉章的私宅。

柏章辉 30 岁时在黔军任师长，弄到一大笔外快，就交待其兄柏继陶“供家中造房用”，要求房子的设计要与众不同。柏继陶曾在上海读书，见过各种式样的洋房，为把房子造好，又特地再去上海，参观考察各种西式楼房，并带回多种图纸，请人设计了这座中西合璧的住宅。建成后，人称“柏公馆”。

这座建筑颇为考究，分为主楼、跨院两大部分。主楼坐北朝南，二层楼房，宽 26 米，深 17 米，高 12 米，占地 528 平方米。有宽敞回廊、转角楼梯、青砖廊柱、雕花门窗，天花板的灯从一只鸟或一朵花的雕塑中伸出来。这座建筑据说共耗费银元 3 万多块，是 20 世纪 30 年代遵义城里最为阔气豪华的官邸。

3 遵义会议上的唇枪舌剑

1935 年 1 月 7 日，红军攻克遵义。1 月 15 日至 17 日，遵义会议在遵义城内琵琶桥贵州军阀柏辉章的公馆召开。但遵义会议过程中两个不同思想、不同路线尖锐斗争的唇枪舌剑，却是很多人不知道的。

早在中央苏区时，许多干部战士就对博古、李德等人在军事指挥上的错误逐渐产生怀疑和不满。长征开始后，随着红军作战多次失利，这种不满情绪日益增长，到湘江战役之后达到顶点。在干部特别是高级干部中，酝酿着要求纠正错误、改变领导的意见。毛泽东在行军途中对王稼祥、张闻天及一些红军干部反复进行深入细致的工作，向他们分析第五次反“围剿”和长征开始以来中央在军事指导上的错误。他的正确意见得到王稼祥、张闻天等人的支持。

在第一天的会议上，博古首先作主报告。他洋洋洒洒，把第五次反“围剿”、长征的过程、失败的原因作了一通说明，把第五次反“围剿”失败归之于帝国主义、国民党反动力量的强大，白区和各苏区的斗争配合不够等，拒不承认主要是由于他和李德压制正确意见，在军事指挥上犯了严重错误而造成的。这个报告让与会者深感失望。

接着由周恩来作副报告。他指出，红军失利的主要原因是军事领导的战略战术的错误，并主动承担了自己的责任。

主、副报告作完之后便是大会发言。张闻天第一个站起来发言。他按照会前与毛泽东、王稼祥共同商量的意见，作了反对“左”倾军事错误的报告，比较系统地批评了博古、李德在军事指挥上的错误。

张闻天指出，第五次反“围剿”以来，红军接连失败的主要原因，就是博古、李德在军事指挥上推行教条主义、本本主义。不了解战场上的情况，不了解中国革命战争实际，不联系敌强我弱的客观实际，不发扬红军形成的运动战、游击战的优势，并一一揭露他们试图推脱罪责的本质。

这个报告被视为博古报告的“反报告”，一作完就引爆了大家对“左”倾教条主义的不满和怨气。

接着，毛泽东作了长篇发言，点名批评了博古、李德的军事错误，指责他们无视红军打运动战的传统策略：“路是要用脚走的，人是要吃饭的”，“领导者最重要的任务是解决军事方针问题，而你们根本不顾这样明白的现实。假如一个指挥员不了解实际地形和地理情况，只知道根据地图部署阵地和决定进攻时间，他肯定要打败仗”。

稍稍停顿一下，毛泽东又一针见血地指出：“在前四次反‘围剿’作战中，红军都面临数倍于己的敌人，却都取得了作战的胜利。唯独第五次反‘围剿’落得惨败的结果，归根到底是忽视红军运动战的优良传统，脱离实际情况瞎指挥所造成的恶果。”

毛泽东的话一下子抓住了问题的实质，引起了与会人员的强烈共鸣。两条泾渭分明的军事路线激烈地撞击着，冲击着每一个与会者的思想。博古被批得面红耳赤，无奈地说道：“我要考虑考虑……”

素来宽厚仁慈的朱德，这次也声色俱厉地追究起中央领导的错误。他质问李德：“有什么本钱，就打什么仗。没有本钱，打什么洋仗？”“如果继续这样的领导，我们就不能再跟着走下去了！”

周恩来在发言中也支持毛泽东对“左”倾错误的批判，全力推举毛泽东参加军事指挥。他严肃地说：“只有改变错误的领导，红军才有希望，革命才能成功！”

凯丰（原名何克全，时任中共中央委员）会前忙着四处活动，为博古拉拢人心。他曾找到红一军团政委聂荣臻，三番五次劝他支持博古，但都遭到拒绝。会上，他仍狂妄地对毛泽东说：“你打仗的方法一点都不高明，你就是照着《三国演义》和《孙子兵法》打仗的。”

毛泽东反驳道：“打仗之事，敌我形势那么紧张，怎能照书本去打！我并不反对要把马列主义当作行动指南，但决不能变成‘书本子主义’！”

李德远远地坐在门边，神情十分沮丧。他一度为自己的“左”倾错误辩护，还想把责任推到客观原因和临时中央身上，但此时，他已经理不直、气不壮了。大概他也意识到自己将很快失势无权，只能硬着头皮听着大家对他的批判。

那些来自作战一线的指挥员，出于对错误路线危害的切肤之痛，个个言辞激烈，会场出现同声要求结束李德、博古红军指挥权的场面。之后，李富春、刘少奇、陈云、彭德怀等领导人也在会上发了言，支持毛泽东的正确意见，赞成周恩来、王稼祥、张闻天的正确建议，主张撤换博古的领导职务，由毛泽东出来指挥红军。

遵义会议上这场思想较量和路线较量的唇枪舌剑，结束了王明“左”倾教条主义在中央长达四年之久的统治，确立了毛泽东在党中央和红军中的领导地位，开启了党独立自主解决中国革命实际问题的新阶段，在最危急的关头挽救了党、挽救了红军、挽救了中国革命。

（撰稿：遵义职业技术学院 李成霞）

感悟与思考

1. 毛泽东在遵义会议上说：“我并不反对要把马列主义当作行动指南，但决不能变成‘书本子主义’！”工作和生活中我们也会遇到类似问题，书本知识学得好，并不意味着解决实际问题能力强。生活中，我们该如何把理论知识与具体实践灵活结合呢？

2. 博古是“本本主义”的一个典型，他长期从事写作和编辑工作，后被派往苏联留学，因学业优秀，与王明等一起被合称为"二十八个半布尔什维克"("布尔什维克"是俄文 Большевики 的音译，是列宁创建的俄国无产阶级政党，也有真正的共产党员的含义)。他 27 岁就当选为中央委员、中央书记处书记并负总责。在第五次反“围剿”中，他不顾红军实际，推行苏联的战法，导致巨大失败。对此，你有什么感想？

知识拓展

遵义会议

1935 年 1 月，中共中央在贵州遵义召开政治局扩大会议。这次会议是在红军第五次反“围剿”失败和长征初期严重受挫的情况下，为了纠正博古“左”倾领导在军事指挥上的错误而召开的。这次会议是中国共产党第一次独立自主地运用马克思列宁主义基本原理，解决中国革命的路线、方针、政策等问题的一次极其重要的会议。这次会议开始确立以毛泽东同志为代表的马克思列宁主义正确路线在中共中央的领导地位，挽救了党、挽救了红军、挽救了中国革命，是中国共产党历史上一个生死攸关的转折点。

4 四渡赤水出奇兵

1960年5月，二战名将、英国陆军元帅蒙哥马利来华访问。在毛泽东亲切接见时，他说：“阁下指挥的辽沈、淮海、平津三大战役，可以与世界上任何伟大的战役相媲美。”毛泽东却以特有的幽默，微笑着摇摇头说：“‘四渡赤水’才是我一生的‘得意之笔’呀！”

1934年10月，中央红军第五次反“围剿”失败，被迫长征。湘江战役后，中央红军主力由出发时的8.6万多人锐减为3万多人，元气大伤、弹药奇缺、补给匮乏。而国民党军重创红军于湘江，士气正盛。蒋介石又调集30万重兵，对红军进行围追堵截。3万对30万，双方兵力悬殊。遵义会议之后，中央红军仍处于国民党重兵围堵之下。红军要摆脱敌人的包围圈，北上才是唯一出路。四渡赤水就是在这一背景下发生的。

★四渡赤水纪念馆（位于遵义市习水县土城镇）

★红军一渡赤水的土城渡口

★红军二渡赤水的太平渡口

1935 年 1 月中旬，敌军 30 万兵力从三个方向对红军形成围堵之势。中共中央和中革军委根据这一情况，决定中央红军由遵义地区北上，在四川省泸州以西的蓝田坝、大渡口、江安一线北渡长江，进至川西北建立新的苏区。1 月 28 日，红军在土城、青岗坡地区对尾追的川军 2 个旅发起猛攻，予之以重创。此时，川军后续部队 4 个旅迅速增援。毛泽东等决定，立即撤出战斗，西渡赤水，向古蔺以南地区前进，寻机北渡长江。1 月 29 日，红军分三路从猴场（今元厚）、土城南北地区西渡赤水河，进入川南古蔺、叙永地区。此为一渡赤水，目的是调动敌人，摆脱被动。

西渡赤水之后，中央红军并没有放弃渡江入川，去建立川西北根据地的设想。只是改变了渡江入川的地点，暂时决定在赤水河以西的扎西集结整顿，为下一步做打算。

1935 年 2 月上旬，中共中央在行军途中召开了政治局扩大会议，会议上采纳了毛泽东的意见，决定回师东进再渡赤水，向国民党兵力薄弱的黔北地区发动进攻。

2 月 18 日至 21 日，中央红军由四川古蔺县太平渡、二郎滩秘密渡过赤水河，回师黔北，成功把国民党大部队甩开三天路程，打乱敌人部署。前不久刚“送”走红军的遵义黔军，没想到红军如神兵天降，再次兵临城下。5 天内，红军取桐梓、夺娄山关、再占遵义城，遵义守将吴奇伟仓皇逃到乌江边，慌乱中砍断浮桥，来不及过江的士兵纷纷掉进河里。

此为二渡赤水，目的是在运动中消灭敌人的有生力量，鼓舞红军士气，取得武器和物资补给。

中央红军回师遵义，一举击溃和歼灭国民党军2个师又8个团，俘敌约3000人，取得了中央红军长征后最大的一次胜利，使疲惫的中央红军得到补给，一扫湘江惨败的阴霾，极大地鼓舞了全军的士气，沉重地打击了国民党军的嚣张气焰。2月28日，毛泽东同军委纵队过娄山关，有感于娄山关战斗胜利，作《忆秦娥·娄山关》词："西风烈，长空雁叫霜晨月。霜晨月，马蹄声碎，喇叭声咽。 雄关漫道真如铁，而今迈步从头越。从头越，苍山如海，残阳如血。"

面对如此失败，蒋介石气急败坏，由汉口飞抵重庆坐镇指挥，并改以堡垒式和重点进攻相结合的战法，企图南北夹击，围歼中央红军于遵义、鸭溪之间地区。为打破蒋介石的企图，中央红军以一部分在桐梓、遵义地区吸引川军向东，在没有效果的情况下，毛泽东命令中央红军转兵北进，于3月16日、17日在茅台及其附近西渡赤水河，向川南古蔺、叙永方向前进，摆出北渡长江的姿态。此为三渡赤水，目的是迷惑敌人，调敌西进。

在国民党军重兵再次向川南集中的情况下，毛泽东等立即决定，乘敌不备折兵向东，在赤水河东岸寻机歼敌。在国民党重兵集团的缝隙中，中央红军神不知鬼不觉于3月21日晚分别经二郎滩、九溪口、太平渡东渡赤水河。

★红军三渡赤水的茅台渡口

★红军四渡赤水的二郎滩渡口

此为四渡赤水，目的是调动敌人，跳出合围，为中央红军北上腾出空间。

3月31日，中央红军主力南渡乌江，把国民党几十万追兵甩在乌江北岸。4月2日，中央红军主力进占扎佐等地，前锋逼近贵阳。这时，正在贵阳督战的蒋介石吓得魂飞魄散，一面令守城部队死守飞机场，并准备轿子、马匹、向导，随时准备逃跑，一面急令云南军阀龙云火速“救驾”。

这一步早在毛泽东的预料之中。毛泽东在雨中展开地图，画了一条大大的弧线，说：“只要能将滇军调出来，就是胜利。”果然，蒋介石急调滇军星夜驰援贵阳。红军却绕过贵阳，以迅雷不及掩耳之势向西直插云南。滇军大惊失色，一面向蒋介石求救，一面调云南北部金沙江军队南下增援。这样，敌人重兵布防的金沙江防线就空虚了，中央红军期待已久的渡江北上时机终于到了！

1935年4月29日，中央军委发出万分火急的指示，要求红军抢渡金沙江。红军一部则进抵距昆明15公里处，沿途张贴标语虚张声势，造成进逼昆明之势，使昆明守敌不敢应战。红军主力趁机掉头向北日夜兼程，以日行百里的速度直驱金沙江，于1935年5月3日至5月9日的7天7夜，靠7只小船巧渡金沙江北上，将国民党军数十万追兵全部甩在金沙江南岸。

从1935年1月19日离开遵义开始，到1935年5月9日胜利渡过金沙江为止，中央红军历时3个多月，共歼灭和击溃敌人4个师2个旅另10个团，俘敌3600余人，最终巧渡金沙江，成功跳出数十万国民党军的包围圈胜利北上。自此，中央红军彻底甩开了国民党军的围追堵截，一扫长征以来的被动局面。

毛泽东以非凡的胆略和智慧，导演了四渡赤水这一精彩绝伦的战争活剧，创造了战争史上用兵如神的奇迹。

（**撰稿**：遵义职业技术学院　李成霞）

感悟与思考

大家知道，解放战争时期辽沈、淮海、平津三大战役的胜利，奠定了共产党战胜国民党反动派的基础，是毛泽东军事才能的卓越体现。但毛泽东却把“四渡赤水”作为他军事生涯的得意之笔。亲爱的同学，你能说说原因吗？

知识拓展

四渡赤水

赤水河位于贵州省西北部，与四川南部接壤，素有“川黔锁钥”“黔北边城”之称。四渡赤水战役是遵义会议之后，中央红军在长征途中，处于国民党数十万重兵围追堵截的艰险条件下进行的一系列决定性运动战役。在毛泽东的指挥下，中央红军三个月的时间内六次穿越三条河流，转战川贵滇三省，巧妙地穿插于国民党军重兵集团“围剿”之间，不断创造战机，在运动中大量歼灭敌人，牢牢掌握战场的主动权，取得了红军长征史上以少胜多，变被动为主动的光辉战例，彻底粉碎了蒋介石企图围歼红军于川黔滇边境的狂妄计划，使中央红军在长征的危急关头，从被动走向主动，从失败走向胜利。

第七章 延安圣地

延安革命根据地又称陕甘宁边区，是指 1935 年到 1948 年，以陕北延安为中心的红色区域。

1935 年 10 月，中央红军经过二万五千里长征，到达陕北吴起镇。1937 年 1 月，中共中央进驻延安。1937 年 7 月 7 日，卢沟桥事变爆发，中共中央在延安向全国发出通电，号召全民族迅速行动起来，团结一致，全面抗战，并整编部队，随时准备开赴抗日前线。1941 年，中共中央号召全党全军开展“大生产运动”，培育了伟大的延安精神，改善了党政、军政、军民关系，培养和锻炼了大批经济工作人才。1942 年，中共中央进行延安“整风”，在全党范围内开展了一场普遍的马克思主义教育运动。1945 年，党的七大在延安召开，明确把毛泽东思想作为全党工作的指导思想。1947 年 3 月到 1948 年 3 月，毛泽东率领中央机关，在陕北指挥粉碎了国民党反动派的大举进攻。1948 年 3 月 28 日，毛泽东和中央机关东渡黄河，迁往河北省平山县西柏坡，最终赢来了全国的解放。

这 13 年间，延安一直是中共中央所在地，是中国共产党领导人民抗日战争的指挥中心，是解放战争的指挥中心和战略总后方。延安时期孕育了光照千秋的延安精神，也留下了很多光照千秋的红色故事。

❶ 张思德与《为人民服务》

1944 年 9 月 8 日下午，延安枣园西山脚下的土操场上，烧炭战士张思德的追悼会正在肃穆的气氛中进行。

参加追悼会的有 2000 多人，他们中有中央警备团的战士、有枣园的老乡，最特别的是，毛主席也神情肃穆地站在人群前面。

追悼会上，毛主席用他那清亮的湖南口音发表演讲："我们的共产党和共产党所领导的八路军、新四军，是革命的队伍，我们这个队伍完全是为着解放人民的，是彻底地为人民的利益工作的。张思德同志就是我们这个队伍中的一个同志。……"毛主席的讲演事前并没有起草讲稿，他结合党的宗旨和张思德的生平，平实讲来，句句在理，字字有情，沁人心扉，大家静静地聆听。

会后，解放日报社的同志将现场演讲的记录加以整理，送毛主席亲自审定，命名为《为人民服务》。"为人民服务"这五个字由此发轫、传扬，成为中国共产党的根本宗旨。

你也许会问：毛主席怎么会出席一名普通烧炭战士的追悼会？又怎么会对他有如此之高的评价？

这就要从烧炭战士张思德的生平讲起。

1915 年谷雨时节，张思德生于四川省仪陇县六合场乡一户佃农家庭，小名"谷娃子"。出生仅 7 个月，母亲就因病无钱医治离开了人世，父亲张行品被迫把他抱给婶母收养。谷娃子吃"千家奶"穿"百家衣"长大。养母为了让他永远记住乡亲们的恩情，给他取名"思德"。

1933 年 2 月，中国工农红军第四方面军创建了川陕革命根据地，解放了仪陇县城。1933 年 12 月，张思德参加了红军，不久加入共青团；1935 年随红四方面军长征，三度走过人迹罕至的雪山、草地。有一回，部队在一片水草丰美的沼泽旁宿营，一个小战士高兴地叫嚷着发现了野萝卜，张思德发现，在水塘边果然有一丛叶子葱绿、模样很像萝卜的野菜。饥肠辘辘的小战士拔起一棵就往嘴里送，张思德忙赶上去把"野萝卜"夺下来，先放到自己的嘴里细细嚼了嚼，不一会儿，张思德感到头晕无力，紧接着，肚子开始剧痛，大口呕吐起来。在失去知觉之前，他挣扎着嘱咐小战士，这野菜有毒，要告知大家不能吃。幸运的是，半个小时后，张思德慢慢活过来了。当他模模糊糊地看见小战士端着瓷缸蹲在跟前，急忙说："不要管我，快去告诉其他同志……"

张思德作战勇敢机智，曾只身泅水过江，夺得敌人的渡船，为红军强渡嘉陵江创造了条件。在川西茂洲地区，他神奇地一个人夺得敌人两挺机枪，被战士们誉为"小老虎"。

1936 年 10 月，张思德随部队到达陕北。由于长征中身体受伤患病，组织上安排张思德到云阳荣誉军人学校治疗学习。张思德不顾自己身体虚弱，主动承担照顾其他伤病员的任务，像亲兄弟一样伺候患病的同志。晚上站岗，他经常连站两班，让其他战友多休息一会儿。他是副班长，负责班里的内务卫生，经常抢着干活，以模范行动影响带动大家。1937 年，张思德光荣加入中国共产党。

1944 年初，张思德积极响应党中央提出的大生产号召，主动到安塞县石硖谷办生产农场，担任副队长。

张思德小时候跟着父亲练就了烧木炭的好手艺，在生产农场，他负责烧木炭。白天，他巡回各窑，掌握火候。晚上，他起来数次，爬上窑顶，观察烟色。出窑时温度很高，有的木炭还有火星，每次出炭，他都抢先钻到窑的最里边捡炭。木炭窑在张思德和大家的努力下，红红火火地办起来了。

★张思德（左）在炭窑厂工作

1944 年 9 月 5 日，张思德和战友小白决定再挖几个新窑，增加木炭产量。当挖到中午时，窑顶突然掉下几块碎土。"不好，危险！"张思德眼疾手快，一把将小白推出洞口，厚厚的窑顶坍塌下来，把张思德埋在里边。战士们和老乡们从四面赶来，拼命刨土。小白得救了，张思德却没能抢救过来，牺牲时，年仅 29 岁。

听到张思德牺牲的消息，毛主席愕然地说："前方打仗死人是难免的，后方劳动生产死人，太不应该了！"毛主席又问："张思德的后事准备怎么办？"

革命战争年代，战士牺牲一般都是就地掩埋。于是，中央警备队队长古远兴回答："准备就地掩埋。"

"你敢！"毛主席一脸严肃，带着几分生气地说，"我给你三条意见：第一，赶紧把张思德的尸体挖出来，清洗干净，穿一身新军装，派人看守好。安塞山里的狼多，若是给狼啃了，就撤你的职！第二，打一口好棺材，把张思德装殓好。第三，开一次追悼会，什么时间开告诉我，我要参加，还要讲话！"

三天之后，就出现了本文开始所述的那一幕。

张思德是平凡的，平凡得像"清凉山上的一棵小草"，然而他又是不凡的，他能够为党和人民的事业舍弃一切，包括生命。正如毛主席所讲："张思德同志是为人民的利益而死的，他的死是比泰山还要重的"，"我们为人民而死，就是死得其所"。张思德身上所体现的，正是中国共产党全心全意为人民服务的根本宗旨。

1945 年 4 月 23 日，党的七大正式把"为人民服务"的思想写进党章，第一次明确了"全心全意为人民服务"是中国共产党的根本宗旨。中国共产党不仅领悟到人民群众的重要性，并且做到了把为人民服务、维护广大人民群众根本利益作为立党之根本，始终不渝地"全心全意为人民服务"。

毛泽东在党的七大开幕词中告诫全党："我们应该谦虚，谨慎，戒骄，戒躁，全心全意地为中国人民服务。"在党的七大报告中，毛泽东再次强调："全心全意地为人民服务，一刻也不脱离群众；一切从人民的利益出发，而不是从个人或小集团的利益出发；向人民负责和向党的领导机关负责的一致性；这些就是我们的出发点。"

新时代的大学生，应该传承和弘扬张思德这种"全心全意为人民服务"的精神。一个人的生命长度是有限的，但是厚度是可以无限增长的，增长人生厚度，要把个人置于大格局之中，超脱小我的苑囿。我们还要站稳人民立场，练就为人民服务的本领。革命年代为人民服务需要在枪林弹雨中抛头颅洒热血，新时代需要的是在各种平凡的岗位上默默奉献。我们要因时而变、因势而为，不断增长本领，提高为人民服务的能力。

（撰稿：延安职业技术学院　樊建荣）

感悟与思考

“为人民服务”是20世纪40年代毛泽东顺应时代要求提出的一种新的道德思想，后来逐渐发展成为中国共产党的根本宗旨。亲爱的同学，请你想一想，中国共产党为什么要把“为人民服务”作为党的根本宗旨呢？在新时代，我们该怎样践行这一宗旨呢？

毛泽东题写“为人民服务”

毛泽东一生题过很多词，但题得最多的是“为人民服务”，而且每一幅题词背后都有一个令人难忘的故事。

1944年冬，毛泽东为党内刊物《书报简讯》题词：“为党即是为人民服务。”1945年5月，毛泽东为八路军三五九旅七一九团烈士纪念碑题词：“热爱人民，真诚地为人民服务，鞠躬尽瘁，死而后已。”1964年，毛泽东为人民大会堂工作人员题词：“勤学苦练，为人民服务。”1965年5月，毛泽东为湖南省委接待处工作人员题词：“加强学习，好好为人民服务。”1965年9月，毛泽东为庆祝人民广播事业创建二十周年题词：“为全中国人民和全世界人民服务。”

其他的题词还有：为邹韬奋题写挽词“真诚地为人民服务”，为《大公报》报社职工题词“为人民服务”，为中央军委工程学校题词“全心全意为人民服务”，为烈士后代郭志成题词“为人民服务”，为卫士长李银桥题词“努力学习，学好后再做工作，为人民服务”，为公安干部杨颖题词“实事求是，努力为人民服务”，为护士钟学坤题词“学一点真才实学，为人民服务”，等等。

② 加拿大医生白求恩

白求恩这个名字，中国人非常熟悉。之所以白求恩如此著名，得益于毛主席的《纪念白求恩》一文。毛主席称赞白求恩是“一个高尚的人，一个纯粹的人，一个有道德的人，一个脱离了低级趣味的人，一个有益于人民的人”。

为什么白求恩会被毛主席给予如此之高的评价呢？这要从白求恩的人生经历，特别是在中国的所作所为讲起。

白求恩全名亨利·诺尔曼·白求恩，1890 年 3 月 3 日出生在加拿大安大略省格雷文赫斯特小城一个牧师家庭。

白求恩从小爱冒险。6 岁那年，白求恩独自到离镇很远的多伦多去游玩，走着走着迷路了，但他并未哭泣。当警察把他送回家，妈妈批评他时，他说：“我想尝尝探险的滋味。”8 岁时，白求恩捉麻雀，捉苍蝇，捉到后就学着当外科医生的爷爷进行解剖。

中学毕业后，白求恩考入多伦多大学医学院。1915 年，他报名去法国当了一名战场担架员，由于受重伤被送回家。伤愈后回到学校继续学业，1916 年获得多伦多大学医学学士学位。1918 年成为英国皇家海军上尉外科医生，1922 年成为英国皇家外科医学会会员。1933 年被聘为加拿大联邦和地方政府卫生部门顾问，1934 年成为胸外科主任医师。1935 年被选为美国胸外科学会会员、理事。1936 年，德、意法西斯支持弗朗哥发动西班牙内战，“援助西班牙民主委员会”请求白求恩去领导设在马德里的加拿大医疗机构。39 岁的白求恩已是世界知名、加拿大年薪最高的胸外科医生之一，很多人认为白求恩不会接受，但是白求恩义无反顾地接受了。中国抗战爆发后，白求恩觉得他在西班牙取得的经验对中国会有更大的用处，决定到中

★青年时代的白求恩

国去。

1938 年 1 月 8 日，白求恩率加美援华医疗队，带着大批药品和医疗器械，从加拿大温哥华启程，19 天后抵达中国。国民党方面垂涎于那批宝贵的物资，希望医疗队留下，同行的美国医生帕尔森斯留下了，但白求恩坚持要上前线。在宋庆龄的斡旋下，他与周恩来会面，3 月底，白求恩到达延安。

刚安顿下来，白求恩就迫不及待地提出想见毛泽东的请求。第二天晚上，在凤凰山麓的窑洞中，白求恩与毛主席见面。刚一落座，白求恩便郑重地将自己的加拿大共产党党证交给毛泽东，并介绍了西班牙的内战情况。毛泽东谈了对世界局势的看法，介绍了红军二万五千里长征，并详细说明了中国共产党的抗战理念和策略。白求恩听后十分振奋，当晚在日记中写道：“我在那间没有陈设的房间里和毛泽东同志面对面坐着……想到毛泽东和朱德在那伟大的行军中怎样领着红军经过二万五千里的长途跋涉……由于他们的战略经验，使得他们今天能够以游击战来困扰日军，使侵略者的优越武器失去效力，从而挽救了中国。”

在延安，白求恩执意要去医院探视病人，他说：“不间断的工作是我最愉快的事情。”当八路军卫生部顾问马海德医生热情陪同白求恩，视察延安的医院和卫生学校，真诚地表示从工作需要和安全考虑，希望他留在延安时，白求恩发火了，说：“我不是为生活享受而来的！什么热咖啡、嫩牛肉、软绵的钢丝床，这些东西我早就有了！但为了理想，我都抛弃了！需要特别照顾的是伤员，而不是我！”八路军卫生部只好报请中央批准，同意他去前线。

1938 年 5 月 14 日，白求恩带着 17 头牲口驮着的器械、药品向前线出发，于 6 月 17 日，抵达晋察冀敌后抗日根据地。一见到聂荣臻司令员，白求恩就迫不及待要投入工作，他急切地说：“我是来工作的，不是来休息的，你们要拿我当一挺机关枪使用。”

他对工作近乎拼命。一周内为 521 名伤病员检查身体，一个月做了 157 例手术；40 多个小时不合眼，在敌人的炮火下，镇定做完 71 例手术；在 1938 年反“扫荡”中，他 6 天内医治了 120 名伤员，做了 105 例手术，累得实在不行，就把头伸进冰水中清醒片刻，又马上投入手术。

为保证白求恩的伙食条件，毛泽东特意打电报给聂荣臻，每月发给白求恩 100 元生活津贴。白求恩得知消息后立即拒绝，他在日记里写道：“我没

★白求恩（右）指导木匠制作医疗器械

有钱，也不需要钱，可是我万分幸运，能够来到这些人中间，在他们中间工作。”

为了给中国留下“永远带不走的医疗队”，白求恩决心建一所正规医院。他白天做手术，得空就指导木匠、铁匠制作手术器械，傍晚给医务人员上课，晚上在油灯下用他的打字机编写教材。经过五个星期的努力，医院建成了，被称为“模范医院”。

在来中国之前，美国援华会和加拿大共产党答应定期向中国提供物资和资金。但说好的资助却不见踪影，他发出的求助信件也石沉大海。白求恩决定回国一趟，筹措资金和补充药品。1939 年 10 月，就在白求恩即将成行时，华北日军调集两万重兵，对晋察冀边区发动了冬季大“扫荡”。白求恩毅然推迟回国计划，他说：“如果晋察冀沦陷的话，那我回国还有什么意义呢？”

但是，白求恩没能等到回国的那一天。

1939 年 10 月 27 日晚，白求恩组成临时医疗队赶赴前线救治伤员。医疗队将手术室设在村外的小庙里。伤员被一个接一个抬上手术台，最后一个受伤的战士大腿粉碎性骨折，被抬上手术台已经是第二天凌晨了，当时，杂乱的枪声已经到了村边，哨兵来催：“敌人快进村了，赶快转移！”

伤员也恳求白求恩：“不要管我，赶快转移！”

白求恩向伤员说：“我的孩子，谁也没有权力将你留下，你是我们的同志。”就是在这次紧张的手术中，碎骨刺进了白求恩的手指。他将手指简单包扎后，又继续处理伤员，直到缝完最后一针才撤离。

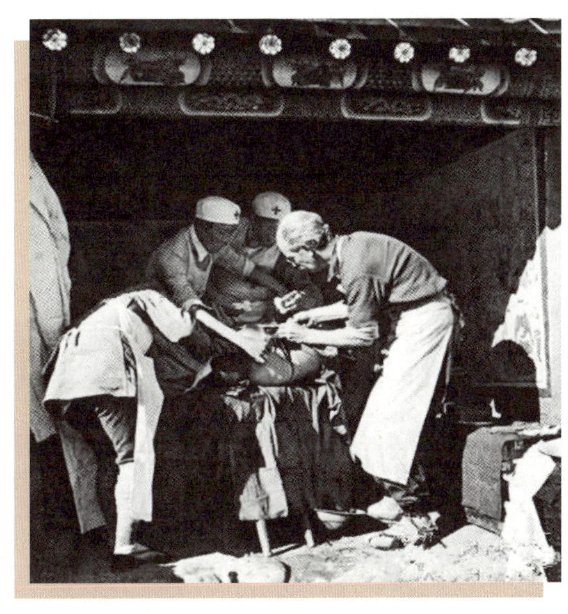

★白求恩（右）在前线做手术

白求恩手指划伤后发生了感染，感染的第五天，在给一名颈部患丹毒合并蜂窝组织炎的伤员做手术时，他左手中指受伤处被病毒侵袭，受到致命的第二次感染。

很快，他高烧40℃，呕吐不止。此后的十多天，他摇摇晃晃地骑在马背上，继续巡视救护工作。高烧到没有一点力气了，他仍念念不忘嘱咐工作人员：凡有头部、胸部的手术，必须抬来给他，睡着了也要叫醒他，这是命令。11月10日，白求恩被护送到唐县黄石口村时，已经转为严重的败血症，生命垂危。

11月11日早晨，他尽最后的力气，用颤抖的手给聂荣臻司令员写下最后一封信，教八路军怎样去买药：“每年要买250磅奎宁和300磅铁剂，专为治疗患疟疾者和贫血病患者。千万不要再到保定、天津一带去购买药品，因为那边的价钱要比沪、港贵两倍。”第二天，白求恩永远离开了他战斗的岗位。

消息传回延安，毛泽东彻夜未眠，12月21日写出了《纪念白求恩》一文，号召全党向他学习“毫不利己，专门利人”“对工作极端的负责任，对同志对人民极端的热忱”“对技术精益求精”的精神，这是毛泽东对白求恩精神的科学概括和客观评价。

在当下，该如何理解“毫不利己，专门利人”？毫不利己并不是没有个人利益，而是不能把追求个人利益作为人生目标，不能为追求个人利益而损害人民的利益。要把维护人民利益放在第一位，在维护人民利益之中实现自身价值。如果一个民族不倡导自己的成员发扬奉献精神，这个民族就没有希望。如果一个政党不倡导奉献精神，这个党就会失去人心。如果一个人只想索取,不愿奉献,这个人也就失去了人生的价值。因此,我们弘扬白求恩精神,要不断地“提纯”思想，努力达到“利人”的精神境界。

（**撰稿**：延安职业技术学院　樊建荣）

感悟与思考

1. 白求恩在来中国之前有很好的社会地位和生活条件，为了支援中国人民的抗日战争，他愿意放弃这一切。“我不是为生活享受而来的！什么热咖啡、嫩牛肉、软绵的钢丝床，这些东西我早就有了！但为了理想，我都抛弃了！”亲爱的同学，你能理解白求恩的选择吗?

2. 现在有一些人，为了追求舒适的生活，选择去美国，去发达国家或大城市，而不愿意留在相对落后的贫困地区或乡村工作。对此你怎么看?

知识拓展

纪念白求恩

白求恩同志是加拿大共产党员，五十多岁了，为了帮助中国的抗日战争，受加拿大共产党和美国共产党的派遣，不远万里，来到中国。去年春上到延安，后来到五台山工作，不幸以身殉职。一个外国人，毫无利己的动机，把中国人民的解放事业当作他自己的事业，这是什么精神?这是国际主义的精神，这是共产主义的精神，每一个中国共产党员都要学习这种精神。列宁主义认为：资本主义国家的无产阶级要拥护殖民地半殖民地人民的解放斗争，殖民地半殖民地的无产阶级要拥护资本主义国家的无产阶级的解放斗争，世界革命才能胜利。白求恩同志是实践了这一条列宁主义路线的。我们中国共产党员也要实践这一条路线。我们要和一切资本主义国家的无产阶级联合起来，要和日本的、英国的、美国的、德国的、意大利的以及一切资本主义国家的无产阶级联合起来，才能打倒帝国主义，解放我们的民族和人民，解放世界的民族和人民。这就是我们的国际主义，这就是我们用以反对狭隘民族主义和狭隘爱国主义的国际主义。

白求恩同志毫不利己专门利人的精神，表现在他对工作的极端的负责任，对同志对人民的极端的热忱。每个共产党员都要学习他。不少的人对工作不负责任，拈轻怕重，把重担子推给人家，自己挑轻的。一事当前，先替自己打算，然后再替别人打算。出了一点力就觉得了不起，喜欢自吹，生怕人家不知道。对同志对人民不是满腔热忱，而是冷冷清清，漠不关心，麻木不仁。这种人其实不是共产党员，至少不能算一个纯粹的共产党员。从前线回来的人说到白求恩，没有一个不佩服，没有一个不为他的精神所感动。晋察冀边区的军民，凡亲身受过白求恩医生的治疗和亲眼看过白求恩医生的工作的，无不为之感动。每一个共产党员，一定要学习白求恩同志的这种真正共产主义者的精神。

白求恩同志是个医生，他以医疗为职业，对技术精益求精；在整个八路军医务系统中，他的医术是很高明的。这对于一班见异思迁的人，对于一班鄙薄技术工作以为不足道、以为无出路的人，也是一个极好的教训。

我和白求恩同志只见过一面。后来他给我来过许多信。可是因为忙，仅回过他一封信，还不知他收到没有。对于他的死，我是很悲痛的。现在大家纪念他，可见他的精神感人之深。我们大家要学习他毫无自私自利之心的精神。从这点出发，就可以变为大有利于人民的人。一个人能力有大小，但只要有这点精神，就是一个高尚的人，一个纯粹的人，一个有道德的人，一个脱离了低级趣味的人，一个有益于人民的人。

（节选自《毛泽东选集》第二卷）

③ “烂泥洼”变成“好江南”

“花篮的花儿香，听我来唱一唱，唱一呀唱；来到了南泥湾，南泥湾好地方，好地呀方。好地方来好风光，好地方来好风光，到处是庄稼，遍地是牛羊……”

唱起歌曲《南泥湾》，你一定会对那开满鲜花、瓜果飘香的“陕北好江南”充满想象。但你可知道，南泥湾原名不叫南泥湾，而叫“烂泥洼”，是一片荒凉不毛之地。

那么，南泥湾是怎样发生天翻地覆变化的呢？

抗日战争进入相持阶段后，由于日本侵略者的残酷“扫荡”和国民党顽固派的军事进攻和经济封锁，加之陕北、华北地区连年遭受自然灾害，陕甘宁边区和华北各抗日根据地军民面临着严重的财政经济困难。

为了克服财政经济困难，夺取抗日战争的胜利，1939 年 2 月 2 日，中共中央在延安召开生产动员大会，毛泽东发出了“自己动手，自力更生，艰苦奋斗，克服困难”的号召，要求部队、机关、学校发展生产，陕甘宁边区的生产运动很快开展起来。1941 年，中共中央号召抗日军民开展大规模生产运动。

1941 年 3 月，八路军三五九旅在王震、王恩茂率领下，高唱着“英雄气概三冬暖，战士哪怕风雪寒。毛主席在延安一声召唤，九旅挺进南泥湾。要

★开垦之前的南泥湾

与那深山老林决一战，要使陕北变江南”的战歌，浩浩荡荡分四批开进南泥湾。他们一手拿枪，一手拿镢头，敌人来了就战斗，敌人不来就生产。

刚来到南泥湾时，迎接指战员的是一个又一个难以想象的困难。当时的南泥湾正如歌谣里形容的“南泥湾呀烂泥湾，荒山臭水黑泥潭，方圆百里山连山，只见梢林不见天，狼豹黄羊满山窜，一片荒凉少人烟”。战士们发扬不怕牺牲、艰苦奋斗的革命英雄主义精神，同困难展开了顽强的战斗。

没有房子住，就自己动手搭草棚、挖窑洞，甚至露宿野外。粮食不够吃，就到百里以外的延长等地去背粮；背粮没有口袋，就用床单缝成袋子，把裤腿两头扎起来当口袋；还是不够吃，就挖野菜、打猎。开荒种地没有农具，就组织人力上山伐木锯板，运到外地卖钱买回农具；还发动大家找废铁，从前线把敌人的钢轨锯成小段，用毛驴驮回来，自己制造农具。

英雄的三五九旅，在“一把镢头一支枪，生产保卫党中央”的口号下，披荆斩棘，开荒种地，以顽强的意志和革命乐观主义精神，在南泥湾的山川里，摆开了向荒山要粮的战场。一时间，南泥湾的山头沟岔镢头挥舞、铁锹闪烁，一片片荆棘倒地，一顷顷良田垦出。

在开发南泥湾的过程中，三五九旅官兵平等，“上至旅首长，下至伙马夫，一律参加生产，不使一个人站在生产战线之外”，人人上阵，个个争先。

为了加快生产进度，三五九旅开展了劳动竞赛，连排班之间、个人之间，互相挑战，涌现了许多“气死牛”式的模范人物。

七一八团模范班长李位，在开荒大竞赛中一直处于领先地位。在全团组织的 175 名突击手的开荒竞赛中，他挥舞着一把 4 斤半重的大板镢，经过 11 个小时的激烈“战斗”，创造了日开荒 3.67 亩的最高纪录；七一九团刘顺清又以 4.11 亩的纪录超过了李位；四支队尹光普又创造了 4.28 亩的最新纪录。

这些奇迹般的纪录，是用这样的劳动强度创造出来的：使用四五斤重的镢头，最快时每分钟要举落 60 次，每次镢头落地要翻转一方尺宽、七八寸深的土块。正如当时战士们编唱的一首小调所描绘的那样：“铁打的胳膊，铜打的肩，一镢头下去尺二三，草根儿咯吧连声响，土块儿浪涛似的向上翻。”

轰轰烈烈的劳动竞赛多次刷新了预定的开荒面积。1943 年三五九旅原定计划开荒耕种 3.9 万亩，不到 2 个星期就完成了。竞赛进入高潮后，又增加到 7 万余亩，最后实际完成了 10 万亩。所用全部垦荒播种时间“平均每

★三五九旅官兵在南泥湾垦荒

人 35 个工作日”。

由于艰苦繁重的开荒劳作，有的战士因为体力透支而倒下。三五九旅从战士们的身体健康考虑，规定了一条古今中外罕见的劳动纪律：“生产时不能早到和迟退。”

在党中央、边区政府的领导下，三五九旅在屯垦南泥湾的战斗中取得了辉煌的成果：1941 年，三五九旅开荒种地 1.12 万亩，收获粮食 1200 石、蔬菜 115.5 万斤，打窑洞 1000 多孔，盖房子 600 余间，基本实现了粮食自给。1942 年，开荒种地 2.5 万亩，收获细粮 5400 余石，建设了纺织、制皂等十余种工业，饲养了 600 多匹运输牲口，建立了 53 个骡马店，生产自给率达到 61.55%。1943 年，开荒种地 10 万亩，收获细粮 1.2 万石，实现粮食、被服、蔬菜、经费全部自给。到 1944 年，开荒种地 26 万多亩，收获细粮 6 万石，上缴公粮 1 万石，实现了每人生产 6 石细粮、1 人 1 只羊、2 人 1 头猪、10 人 1 头牛的计划，达到了“耕一余一”。

1944 年 6 月，中外记者团来到南泥湾，战士们为展示大生产的成果，用自己生产的蔬菜为记者们做了 99 个菜，令记者们目不暇接。他们兴奋地说：“我们在南泥湾吃到了一桌‘慈禧太后式的饭菜’。”

短短三年时间，昔日的“烂泥洼”变成了“米粮川”、“好江南”，三五九旅的将士们谱写了一曲战天斗地的壮歌，书写了一段举世闻名的传奇，

★三五九旅官兵南泥湾垦荒纪念雕塑（位于南泥湾大生产展览馆）

为大生产运动树立了一面光辉的旗帜，其经验很快被推广到各抗日根据地。

1942 年 12 月，毛泽东在中共中央西北局高级干部会议上作《经济问题与财政问题》的报告时，高度赞扬了三五九旅“不仅起了保卫边区政治上与军事上的作用，而且起了解决大数量的财政供给与帮助发展边区的作用”。1943 年 2 月，毛泽东亲笔题词表彰了 22 位生产英雄，其中三五九旅团以上干部就占 4 名，王震名列第一；受奖单位 3 个，三五九旅也名列第一。毛泽东给王震的题词是“有创造精神”，西北局还向三五九旅赠送锦旗，誉之为“发展经济的先锋”。

同年 3 月，延安文艺界劳军团和鲁艺秧歌队 80 多人赴南泥湾劳军，贺敬之作词、马可谱曲的歌曲《南泥湾》因此诞生，并唱遍大江南北。

三五九旅打仗是英雄，生产是尖兵，一面生产、一面学习、一面战斗，硬是把一个遍布荆棘的荒山深林变成了“平川稻谷香，肥鸭满池塘，到处是庄稼，遍地是牛羊”的“陕北好江南”，创造了有史以来部队不吃公粮反向政府交公粮的奇迹。同时，还大力发展了工业、运输业和商业，做到经济和财政全部自给，有力地推动了边区大生产运动，支援了抗日前线，为坚持持久抗战打下了雄厚的物质基础。

大生产运动还凝聚形成了以“自力更生、艰苦奋斗的创业精神，不怕困难、征服困难的革命乐观主义精神，官兵一致、上下同心的团结精神”为核心内容的南泥湾精神。这些精神在新时代实现中华民族伟大复兴的中国梦事业中，继续为鼓舞全国人民努力奋斗发挥着巨大的精神力量。

（撰稿：延安职业技术学院　樊建荣）

感悟与思考

在当年延安的大生产运动中，八路军自力更生，艰苦奋斗，创造了神话般的“陕北的好江南”，最后取得了革命的胜利。可是，现在很多年轻人不愿意吃苦，甚至家长也不愿意让自己的孩子吃苦。亲爱的同学，你对这种现象怎么看呢？

知识拓展

好书推荐：《习近平的七年知青岁月》

延安是中国革命圣地，也是锻炼人生的熔炉。抗日战争时期，全国各地的革命青年，纷纷来到延安这座大熔炉，追求理想，投身革命，一大批青年在这里成长。

解放后，也有一批青年到延安接受锻炼。1969 年 1 月，年仅 16 岁的习近平，来到延安延川县文安驿公社梁家河大队插队落户，直至 1975 年 10 月，七年的青春时光，他在这座人生的大熔炉里锻炼成长。由中共中央党校出版社出版的《习近平的七年知青岁月》用实录的形式，收录了 29 位当年习近平在延安插队时锻炼成长见证人的实际采访，其中既有同他一起插队的北京知青，又有同他朝夕相处的当地村民，还有当年同他相知相交的各方面人士。这些受访者通过自己的亲身经历，用真实的历史细节讲述了习近平当年“苦其心志、劳其筋骨、饿其体肤、空乏其身”的历练故事，再现了习近平知青时期的艰苦生活和成长历程。

作为新时代成长的青年人，品读此书能够从小故事中读出大道理，从口述史中洞察大时代，从真情怀中感受大担当，从奋斗史中汲取大智慧。

第八章 红岩英烈

“红岩上红梅开，千里冰霜脚下踩。三九严寒何所惧，一片丹心向阳开。”这首家喻户晓的《红梅赞》歌颂了红岩英烈们不屈不挠的斗争精神和纯洁高尚的意志品格。

重庆解放前夕，300 余名地下党组织成员、被捕的革命者以及进步人士，被关押在重庆西北郊歌乐山下的 10 余座监狱里，最有名的就是被称为“活棺材”的白公馆和渣滓洞。这些革命者在即将迎来新中国曙光的前夜，甚至在听到了解放重庆的隆隆炮声时，被国民党特务分批屠杀于重庆这片红色岩土上。红岩英烈为中国革命的胜利增添了令人扼腕的悲壮。

他们中的很多人有多次机会可以选择活着，但是他们没有选择苟活，而是昂首迎向敌人的枪口；还有的人家财万贯，完全可以过着优裕的生活，但是他们选择了冒死革命的道路。他们知道这是一条为万千劳苦大众谋幸福的路，是一条改造中国落后的旧社会、创造新社会的路，是一条功德无量、泽被后世的路。

生逢盛世的当代青年学生，需要弘扬他们的精神，学习他们的品格，记住他们的故事。

❶ 红岩上最挺拔的“竹”

江竹筠，1920 年 8 月 20 日生于四川省自贡市江家湾，1939 年加入中国共产党，1944 年入四川大学农学院学习，1946 年参加领导重庆学生运动，为重庆市委机关报《挺进报》做了大量工作，1948 年 6 月 14 日在万县被捕，被关押在渣滓洞监狱，1949 年 11 月 14 日被敌人杀害并毁尸灭迹。“江姐”是狱中同志对她的亲切称呼。

1943 年的重庆，是国民党统治的中心地带，共产党的地下工作充满了危险。组织上出于安全考虑，决定派重庆地下党新市区委委员江竹筠假扮重庆市委委员彭咏梧的妻子，协助彭咏梧工作。

要长期与一个异性朝夕相处、共同生活，对于一位 23 岁的未婚女青年来说，是一件多少有些尴尬的事。想到世俗的眼光、旁人的议论，江竹筠开始有些犹豫。当明白这一切都是为了革命事业的需要，她又像往常一样，坚决服从党的安排。从此，江竹筠和彭咏梧逐渐成为最亲密的同事和战友。他们在共同生活、共同战斗、共同历险的过程中，相互关怀、相互敬重，渐渐产生了深厚的感情。

★江姐与丈夫彭咏梧、儿子彭云

1945年，组织上安排他们正式结婚。婚后，两人感情甚笃，次年4月有了儿子彭云。但这个小家庭的欢乐，能够在险象丛生的革命斗争中存续多久呢？

1948年1月16日，彭咏梧在下川东武装起义中与敌人遭遇，壮烈牺牲，头颅被敌人砍下悬挂在城楼上示众。当江竹筠得知丈夫身首异处、牺牲得极为惨烈时，一种巨大的悲痛涌上胸口，压得她喘不过气来。挚爱的丈夫、亲密的战友、敬重的良师就这样突然离去，从此再也回不到她的身边！

为了不让战友们担心，江竹筠坚强地继续工作。每当夜深人静的时候，看着牙牙学语的孩子，她的脑海里便会不自觉地闪现出丈夫的音容笑貌，一种无可名状的悲愤又会溢满她的全身。有时在恍惚间，她甚至会觉得丈夫并没有牺牲，只是出了远门，有一天还会回到自己的身边，和自己一起战斗，一起生活，一起陪孩子玩耍……

她在给亲友的信中写道："由于生活不定，心绪也就不安，脑海里常常苦恼着一些不必要的幻想。他是越来越不能忘了……"

"对他不能有任何的幻想了，在他身边的人告诉我，他的确已经死了，而且很惨。'他该活着吧？'这唯一的希望也给我毁了,还有什么想的呢？……这惨痛的袭击你们是无法领略得到的。家里死过很多人，甚至我亲爱的母亲，可是都没有今天这样叫人窒息得喘不过气来……"

组织上考虑江竹筠经受了巨大的精神打击，再三要她留在重庆工作，照顾儿子彭云，但她拒绝了，她坚持要奔赴下川东地区。她认为自己对下川东地区的工作情况很熟悉，不能让其他同志以身犯险；同时，那里也是丈夫战斗、牺牲的地方，她要陪在爱人的身边，继续丈夫未竟的事业。她相信：老彭若泉下有知，一定会支持自己的选择。

江竹筠压抑着挂念和不舍，将年幼的儿子托付给亲戚，义无反顾地投入下川东的武装斗争之中。后来，她在写给亲友的信中，表达了对儿子深深的爱和歉意：

"现在我非常担心云儿，他将是我唯一的孩子，而且以后也不会再有。我想念他，但是我又不能把他带在我身边……"

1948年6月14日，由于叛徒出卖，江竹筠不幸在万县被捕，与万县县委副书记李青林等人一起，押至重庆渣滓洞看守所。

几天后，敌人对新入狱的要犯进行残酷的突击刑讯和“疲劳轰炸”。下川东地下党工委书记涂孝文叛变后，虽然出卖了一些地、县领导人，但对暴动的组织领导和乡村基层组织佯装不知，把责任完全推卸到已经牺牲的彭咏梧身上。特务头子徐远举得知江竹筠是彭咏梧的妻子和助手，以及李青林是负责万县基层组织的副书记后，命令二处侦防课长陆坚如和司法股长张界严加审讯，妄图从她俩身上打开缺口。

由于重庆地下党工委书记刘国定、副书记冉益智等相继叛变，党组织遭到严重破坏，大批革命者被捕入狱，狱中的气氛异常沉重。一些身体强壮的男人在酷刑面前叛变了，这两个柔弱的女人，又会怎么样呢？难友们在观望着、担心着。

最先受刑讯的是李青林，但她坚贞不屈，敌人在她身上一无所获。紧接着，特务提审江竹筠。

一开始张界煞有介事地接连提了十多个问题，江竹筠一问三不知，甚至连彭咏梧都说不认得，后来干脆什么都不回答。

碰了一鼻子灰的张界，命令特务对江竹筠使用酷刑。夹竹筷子，坐老虎凳，江竹筠多次痛得昏死过去又被凉水浇醒。特务反复用刑，得到的却是江竹筠的厉声斥骂:“你们这帮狗东西！整断我的手，杀我的头，要命就这一条，要组织，没有！”

敌人用尽老虎凳、吊索、带刺的钢鞭、撬杠、电刑等各种酷刑，甚至把竹签钉进她的十指，但始终没能从她口中得到任何有用的口供，只得无奈地收场。

江竹筠的坚贞不屈，感动了狱中的难友，大家亲切地称她为“江姐”，并自发地秘密开展慰问活动。慰问品有小小的罐头、几滴鱼肝油乃至半个烧饼，更多的则是难友们用竹签蘸着红药水或自制炭黑写在黄色草纸上的诗和慰问信。

难友何雪松写道:“你是丹娘的化身，你是苏菲娅的精灵，不，你就是你，你是中华儿女革命的典型。”

楼二室的全体难友写道：“多次的严刑拷问，并没能使你屈服。我们深深地知道，一切毒刑对那些懦夫和软弱的人才会有效；对于一个真正的共产党员，它是不会起任何作用的。当我们被提出审讯的时候，当我们咀嚼着两餐霉米饭的时候，当我们子夜被竹梆声惊醒过来，听着歌乐山上狂风呼啸的时候，我们想起了你，亲爱的江姐！我们向你保证，在敌人面前，不软弱，不动摇，决不投降，像你一样勇敢、坚强……”

江竹筠的坚贞不屈和英勇斗争，扫却了因为重庆地下党组织遭到大破坏而给渣滓洞监狱注入的沉闷气氛，激励了全体难友更加坚定的革命意志，狱中难友们凝聚力空前增强，形成了一个互相勉励、互相支持的战斗集体，江竹筠也成为这个战斗集体的核心成员之一。为鼓舞狱中战友的斗志，她提出“坚持学习、锻炼身体、迎接解放”的口号。她记忆超群，在狱中背诵毛泽东的《新民主主义论》和刘少奇的《论共产党员的修养》。

作为革命者，江竹筠早已将自己的生死置之度外；作为母亲，她无时无刻不在思念着儿子彭云。

1949 年 8 月，经过营救，同狱的曾紫霞获释。出狱前夕，江竹筠和难友们对曾紫霞出狱后要注意的事项进行详细的交代。最后，曾紫霞问她：“江姐，你自己有没有什么事情要让我办？”

江竹筠凝神地向远处望着，目光似乎洞穿了牢房的墙壁，想了许久才平静地说：“你给我带一封信给我的亲戚，如果我有什么不测，这封信也算是我的遗书吧！”说完，她取出一支竹签子，削成笔。曾紫霞烧了一小团棉花，在灰上加了点水，调成墨汁。江竹筠握笔蘸蘸墨汁，俯身疾书：

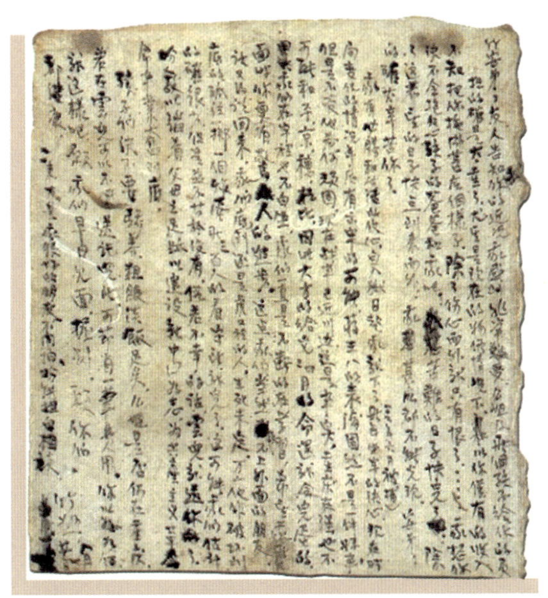

★江竹筠烈士的遗书（现藏重庆中国三峡博物馆）

“假如不幸的话，云儿就送你了，盼教以踏着父母之足迹，以建设新中国为志，为共产主义事业奋斗到底。孩子们决不要娇养，粗服淡饭足矣。”

1949 年 11 月 14 日，江竹筠与李青林等 30 多位革命者被敌人杀害于中美合作所电台岚垭，年仅 29 岁。

“为共产主义事业奋斗到底！”这就是一位钢铁般坚强的女性，在生命的最后时刻留给孩子的全部财富，留给新中国的忠诚表白。2009 年，江竹筠被评为 100 位为新中国成立作出突出贡献的英雄模范。

（**撰稿**：重庆工业职业技术学院　金正连）

感悟与思考

亲爱的同学，江姐的故事我们耳熟能详，读完了这个故事，江姐的哪些品格给你留下深刻的印象？江姐在牺牲前夕给亲戚的信中说：“孩子们决不要娇养，粗服淡饭足矣。”对此，你怎么看？

知识拓展

渣　滓　洞

在重庆市歌乐山麓，有一座小煤窑，因渣多煤少而得名渣滓洞。渣滓洞三面是山，一面是沟，位置较隐蔽。1939 年，国民党军统特务逼死矿主，霸占煤窑，在此设立了监狱。监狱分内外两院，外院为特务办公室、刑讯室等，内院一楼一底 16 间房间为男牢，另有两间平房为女牢。

当年关押在此的有“六一”大逮捕案、“小民革”案、“挺进报”案等政治犯，以及上下川东三次武装起义失败后被捕的革命者，如江竹筠、许建业、何雪松等，最多时达三百余人，还曾关押过“小萝卜头”和他们一家人。1949 年 11 月 27 日，国民党特务在溃逃前夕策划了震惊中外的大屠杀，仅 15 人逃脱。

2 把一切献给党

★王朴烈士

王朴，1921年11月27日出生于四川省江北县仙桃乡（今重庆市渝北区两路镇）的一个富裕家庭。1944年夏天，他考入复旦大学新闻系（地址在重庆北碚）。在这里，他如饥似渴地阅读了大量马列著作和进步报刊，逐步树立了共产主义信仰，并受到中共南方局的关注。

1945年7月，为了落实党中央开辟农村工作据点的指示，中共南方局青年组动员王朴回乡办学，开展农村工作。王朴坚决响应党的号召，在征得母亲同意，并获得母亲捐资后，回到江北县复兴乡筹办莲华小学。中共南方局抽调了黄颂文、李青林等10余名青年来到复兴乡协助办学，开展工作。

1946年7月，为扩大办学影响，又开办莲华中学，校址从李家祠堂迁至逊敏书院。中共四川省委青年组又派杨仲武、王敏等同志到莲华中学工作。1946年冬，王朴经过长期培养和考验，被吸收入党。

1947年2月，中共江北县特支成立，王朴被任命为特支委员。7月，成立江北县工委，王朴任工委书记。1947年9月，中共重庆北区工委成立，工委书记齐亮化名李仲伟以英语教员的身份到莲华中学任教，黄颂文任组织委员，王朴任宣传委员兼管统战工作，莲华中学成为北区工委机关所在地，也是江北县和北碚地区党的活动中心。

1948年初，为争取莲华中学的“合法”地位，北区工委接办私立志达中学，莲华中学改为志达中学初中部，原志达中学为高中部，王朴任校长。从1945年秋到1949年11月的4年多时间里，学校充分发挥农村工作据点的作用，发展壮大党组织、积极开展革命活动、培养革命人才，取得了显著的成效。

为配合解放战争，在大后方进行武装斗争，川东地下党急需经费购买粮食、药品和武器。王朴接受了为党筹集经费的任务，决定把家产全部献给为之奋斗的神圣事业。

王朴把这一想法告诉了母亲金永华，年近半百的金永华同意将丈夫留下的、自己半生苦心经营所得、准备留给子孙的殷实家产全部奉献给党。从1947年秋至1949年，金永华、王朴陆续变卖了1480亩田产和市区的部分沿街房产，折合黄金近2000两，这些款项一部分作为党的活动经费，一部分存入银行备用。

大量变卖田产，引起了社会上一些人的注意。为便于掩护和沟通联系，川东临委指示王朴以做生意为名筹建一家贸易公司，作为川东地下党的经济据点。1948年初，王朴在重庆民国路宏泰大楼二楼租了一层楼房，创办了南华贸易公司，自任总经理，一方面以变卖田产的款项做资本经营生意，一方面通过公司供给川东地下党活动经费，并与上海、香港等地打通贸易往来，与上级党组织取得联系。

1948年4月初，重庆市委机关报《挺进报》被破坏，复兴乡也几次出现特务的踪迹。4月20日前后，国民党重庆行辕二处的三个特务来到复兴乡公所，打探地下党的活动，王朴在街上与特务擦身而过。但他从容镇静，泰然自若，安全回到学校。

1948年4月中旬，王朴在城里遇见中共地下党川东临委委员兼重庆市委书记刘国定。刘国定说："有两位同志被捕了，营救他们急需一大笔钱。"王朴一听，立即要去银行取款。刘国定说时间来不及，要求王朴开支票交他自己去取。王朴开了支票给他，并相约下次见面的时间和地点。

几天后，王朴前往一家名叫"凯歌归"的餐厅与刘国定接头。约定的时间到了，没有刘国定的踪影，王朴十分焦急。又过了几分钟，王朴听见门外有汽车声传来，急忙站起身往窗外看，只见从车上跳下几个特务直扑餐厅。王朴随机应变，立即走到斜对面的八号雅座，只见一个大个子男人醉成一摊烂泥，身旁站着一个女人正一筹莫展。王朴就势装成醉汉的朋友，随手摘下眼镜，扶着醉汉往外走去。醉汉不停地说着胡话，把等在二号雅座前抓他的特务都逗笑了。王朴把醉汉扶到街上，叫了两辆黄包车，让醉汉和女人上了前一辆，自己上了后一辆，机智地脱离了险境。

王朴在餐厅没碰到刘国定，却碰上了几个特务，虽然此时他还不知道刘国定叛变投敌，但感到事出有因，担心江北县的党组织遭到破坏。于是，他马上换上长衫，急匆匆赶回江北复兴场学校，找到北区工委齐亮及黄颂文，把乡公所来了三个特务和自己险被特务逮捕的情况作了汇报。三人经过深入研究，决定销毁文件资料，转移进步书刊，统一外来教师应付敌人的口径，北区工委成员只留下一人，对付敌人的突然袭击。

此时谁留下来坚持工作，都是一副千斤重担，得随时准备牺牲。王朴抢先说："我留下来应付敌人。"他坚定地表示，"能不能经得起最严峻的考验，我的行动是最好的回答。"

刘国定叛变后，敌人从他身上搜出一张王朴开出的现金支票，他便供出川东地区党组织经济支持人王朴及其他关系人。

4月24日晚，王朴与妻子褚群相对坐着，他抱着爱子"狗狗"深情地说："城里还有一摊子事要采取紧急措施，我要按照原定的时间到重庆去与同志碰头，这次进城很可能被捕。"随即他拿出一支活芯铅笔给褚群说，"这支笔留给你做个纪念吧！要是我被捕了，你要听从组织的安排，要努力完成党交给的任务，要把孩子抚养成人……"

次日清晨，东方刚露鱼肚白，王朴像往常一样，收拾好行李，进城去了。他和住在城内的母亲谈了很久，母亲要他到成都躲避一下。他说："我怎么能走？我加入了组织，就不是娘一个人的儿子了。"想着年老的母亲今后生活会更加艰难，王朴噙着泪珠，向母亲交代了三条意见："一是万一他被捕了，要掩护学校，保护同志，学校一定要办下去，这是命根子；二是要听党的话，剩下的田产继续变卖；三是弟弟妹妹要靠组织，不能离开学校。"

4月27日中午，王朴被捕，先关押在国民党重庆行辕二处。王朴在狱中咬定是被人诬陷，敌人除给他冠上"以物资匪"的罪名外，无更多证据，不得不"劝导"王朴："像你这样的家庭，这样的社会地位，为什么要跟共产党跑呢？"敌人软硬兼施，威逼利诱，向他提出三个条件：一是澄清思想，二是交出组织，三是"参加工作（替敌人办事）"，答应就可以重获自由。但王朴铁骨铮铮，在"老虎凳""电刑"等酷刑面前毫不动摇，坚守党的机密。最后，王朴被列入有重大案情的政治犯，转囚于白公馆。

在狱中，王朴始终充满革命乐观主义精神，还把家里带来的食品分给难友。他坚持学习，手不释卷，和大家一块儿讨论革命形势。当中华人民共和国成立的消息传入狱中时，他怀着无比向往的心情期盼着黎明的到来，期盼着五星红旗在山城迎风飘扬。

考虑到随时都可能牺牲，王朴又设法带信给母亲和妻子，嘱咐她们要坚持革命。他在给妻子的信中说：“莫要悲伤，有泪莫轻弹。狗狗取名‘继志’，要让他长大成人，长一身硬骨头，千万莫成软骨头，让他真正懂得‘继志’的含义。”在给母亲的信中说：“娘，你要永远跟着学校走，继续支持学校，一刻也不要离开学校，弟妹也交给学校。”学校指的是党组织办的志达中学，实际上就是指党组织。在临近生命的最后时刻，王朴将自己未竟的事业寄托于后来人，把一切交给党，其殷殷之情和赤子之心跃然纸上。

10 月 27 日，王朴等革命志士再次被押到行辕二处，敌人摆了一桌丰盛的酒席，特务头子徐远举装腔作势地说：“今天再给你们最后一次机会。”王朴指着敌人的酒席说：“这是人民的血汗，我们不吃！”又回头指着徐远举说，“蒋介石的统治就要彻底垮台，你们逃不脱人民的审判！”

10 月 28 日上午，一辆大卡车载着王朴与陈然、刘国鋕、成善谋等十名“政治犯”，从警备司令部驶向重庆城区西面的大坪，途中驶过民生路、七星岗、观音岩、两路口……街两边挤满了围观的市民。王朴站在囚车上高喊口号“中华人民共和国万岁！”他还抓住这最后的机会大声演讲：“中华人民共和国已经成立了！反动政府活不了几天了，重庆马上就要解放了！我们为革命被捕，今天牺牲是光荣的，胜利就要来临了！”囚车驶到大坪，王朴首先被推了下来，敌人将他押到公路一侧的松林坡。王朴面对敌人黑洞洞的枪口，昂首挺胸，高呼口号，慷慨就义，年仅 28 岁。

（**撰稿**：重庆工业职业技术学院　金正连）

感悟与思考

王朴陆续变卖家产为党筹集活动经费。亲爱的同学，在今天的社会环境下，你怎么看待王朴的做法？王朴在明知危险就在眼前时，却把生的希望留给同志，把死的危险留给自己，对此你有什么感想？

知识拓展

白 公 馆

白公馆原是四川军阀白驹为养小妾而在重庆沙坪坝郊区修建的别墅。1938 年，军统局用 30 两黄金将其买下，1939 年将其改为军统局本部直属看守所，称军统重庆看守所，主要关押国民党政府认为级别较高的政治犯。1943 年中美合作所成立后，白公馆改名为中美合作所第三招待所，供美方人员居住。第二次世界大战结束后，美方人员回国，白公馆又恢复为看守所，曾关押过著名人士廖承志、中共党员宋绮云、徐林侠夫妇及幼子“小萝卜头”等，最多时关押共产党员和进步人士二百多人。

③ 四十八套酷刑压不垮的志士

★许建业烈士

许建业，原名许明德，后名许明义、许立德，1920年出生于四川邻水县，1938年加入中国共产党，历任重庆市委委员、工运书记，1948年4月被叛徒出卖而被捕，同年7月被敌人杀害，年仅28岁。

许建业是小说《红岩》中许云峰的人物原型之一。他幼年丧父，由母亲把他和妹妹抚养长大。母亲为了许建业长大成才，拼命劳作，省吃俭用，历尽千辛万苦，送许建业去读书。母亲所付出的一切，许建业看在眼里，记在心头。他从小就很听母亲的话，学习刻苦认真；参加工作后，仍不忘母亲的教导，自觉继承母亲朴素节俭的生活作风，想方设法奉养母亲，常常挤出时间回家帮助母亲干活，还供养妹妹读书。

许建业和母亲、妹妹感情十分深厚。他在重庆工作时，妹妹许兰芝几次来看他，许建业总是挤出时间，尽力陪伴妹妹，为妹妹买布做新衣服，还设法筹钱为妹妹治病。每次妹妹离开时，他都要再三叮嘱："我们的父亲去世早，母亲为了抚养我们，真是受尽了苦。现在年岁已高，身体又多病，望你能代我多照顾她，把做子女的责任担起来。"许建业在给母亲的信中写道："您老人家不要担心我，儿在外面生活得很好，工作得很有意义，儿会给您争气的。"

但是，当党组织需要他离开家人到新的岗位工作时，虽然挂念母亲、不舍妹妹，但每一次他都义无反顾、欣然接受。他说得最多的一句话就是："为了千万个母亲都能老有所养，终有所归，我必须暂时离开自己的母亲，到党需要的地方去战斗。"

在工作中他多次婉言谢绝女同志的示爱。他说，革命工作重任在身，现在不是考虑个人问题的时候。直至牺牲，他都是单身一人。

1948 年 4 月，许建业因叛徒任达哉出卖而被捕。敌人为了从他口里得到情报，先诱以高官厚禄，被许建业坚定地拒绝。国民党重庆行辕特务头子徐远举对他进行威胁："我们有四十八套刑罚，你不说，就让你一套一套地享用，你受得了吗？"

许建业报以极为硬气的回应："管你四十八套还是八十四套，怕了我就不算是共产党员！"

徐远举恼羞成怒，决定对许建业轮番刑讯，妄图用各种刑具来撬开许建业的嘴，达到破坏地下党组织的目的。

当天晚上，许建业被特务绑进刑讯室，国民党重庆行辕二处情报课长陆坚如主持审讯。刚开始，陆坚如还装出一副假惺惺的样子说："杨先生（许建业曾化名杨绍武、杨清），徐处长给你讲得够多了，有些问题你们的人都说了，你何必还要隐瞒呢。希望你将你的上下级组织交出来，这样对你来说是很有好处的。"

"既然叛徒都给你们讲了，还来问我干什么！"许建业以鄙视的口吻回应道。

陆坚如见软的不行，态度立刻发生了一百八十度的转变，用威胁的口气说道："你不要嘴硬，现在你已失去了自由，只有交出组织和同党才是唯一的出路！"

许建业斩钉截铁地说："少啰嗦，我没有什么可讲的！"

陆坚如见许建业态度如此强硬，就进一步威逼说："到了我这里，就不由你不讲，放明白点，好汉不吃眼前亏。"

"你的意思不外乎要动刑，就是杀头我也没什么可讲。"许建业刚毅地予以回击。

陆坚如凶相毕露，猛拍桌子吼道："给我吊起来！"刽子手立即将许建业捆绑起来，反吊在屋中大梁上。只见许建业汗珠直冒，但他咬紧牙关，忍住剧痛，不叫不哼。几个特务手执皮鞭、棍棒，边抽打边盘问："说不说？"许建业仍以"无声"对抗，刽子手们声嘶力竭地狂吠一阵之后，无可奈何，只好将许建业放下。许建业的手脚已严重变形、损伤，痛得昏迷过去。就这样，许建业坚强地战胜了特务的第一次酷刑。

灭绝人性的国民党特务，没有给许建业喘息的机会，待用冷水将他泼醒

★渣滓洞的刑具老虎凳

后，又向他鼻孔猛灌带刺激性的药水。这种药水呛入气管令人万分难受，但许建业一声不吭，以极大的毅力战胜了特务的第二次酷刑。两次刑讯失败后，特务对许建业使用了更为凶残的酷刑“老虎凳”。

这是一种既原始又残暴的刑具，它将犯人的身体捆绑在与板凳垂直的木柱上，把犯人的双腿平伸和板凳绑在一起固定，然后在犯人的小腿下不断加砖垫高，可以使人腰椎折断、腿骨骨折。这次坐老虎凳，当敌人垫到第三块砖时，许建业的膝盖骨就吱吱作响，痛得昏迷过去。特务用凉水将他泼醒后，又加砖头，许建业再次昏迷。几次反复，几次死去活来，许建业仍不吐出一个字。

经过三次酷刑，特务一无所获，又数次对许建业用刑，仍毫无效果，敌人绝望了。1948 年 7 月，徐远举报告国民党重庆行辕主任朱绍良，要求对许建业非杀不可，理由是：第一，许建业是个硬汉，根本无诱降的余地；第二，不杀许建业，不足以瓦解重庆地下党组织；第三，许建业在监狱中会起作用，对其他犯人发生影响。

1948 年 7 月 21 日清晨，一辆美式吉普驶进渣滓洞监狱，将许建业和梁山地区我党军械修理厂负责人李大荣押到国民党重庆行辕二处，军统特务头

★国民党重庆渣滓洞监狱

子、军法处处长王郁芬开庭“宣判”，处以许建业、李大荣死刑。

杀害许建业、李大荣的消息不胫而走，很多群众沿途围观，目送英雄押往刑场。许建业和李大荣在刑车上身戴刑具，昂首挺胸，巍然屹立，高唱《国际歌》，高呼“打倒国民党反动派！”“中国共产党万岁！”等口号，场面极其悲壮，目睹者无不为之动容。

狱中难友许晓轩写诗称赞其高节：“噩耗传来入禁宫，悲伤切齿众心同。文山大节垂青史，叶挺孤忠有古风。十次苦刑犹骂贼，从容就义气如虹。临危慷慨高歌日，争睹英雄万巷空。”许建业用鲜血和生命践行了自己的诺言，为天下母亲尽孝，成为全中国的母亲最可爱的儿子！

他在临刑前的从容气度，连敌人都不得不佩服。特务头子徐远举曾回忆：“我有个朋友告诉我说：‘你们行辕昨天在杀共产党是吗？我在路上看见一汽车的兵押解着两个人去杀，他们沿途高呼共产党万岁，真英武啊！’他的话使我感到黯然和怅惘。”

1949 年 7 月 21 日，许建业牺牲一周年祭日来临之际，有“黑牢诗人”称号的蔡梦慰，在狱中写下一首名为《祭》的诗篇，纪念这位为天下母亲奉献赤子之心、为中国人民的解放事业而献出生命的先烈：

安息吧，烈士，
请接受这最高的敬礼！
当你们的面前只有两条路，
你们毫无踌躇，
从容的走上刑场，
像去赴一个神圣的约会。
在断头台上，
你们先宣判了敌人的命运，
用震撼地球的声音向全世界播告：
——中国革命胜利！
——中国人民能够胜利！
一年了呵，
胜利的花朵，
在战士们的血泊中蓬勃开放！
你们被害的去年今日，
大半个中国还在罪恶的统治下；
今年今日呀，
人民的军队已经渡过大江，
扫荡着敌人的败兵残将；
不会等到明年的今天，
解放的红旗呀，
将飘扬在中国的每一寸土地，
飘扬在你们的墓头，
飘扬在这黑牢的门口！
无数代享受幸福的人民，
将从不朽的烈士碑上，
读出那代表光荣与庄严的名字：
——中国共产党党员许建业。

许建业用自己的血肉之躯对抗国民党反动派的四十八种刑罚，刑罚可以摧残他的肉体，但摧不垮他的革命意志。敌人因为害怕他而杀害他，他才是胜利者。

（**撰稿**：重庆工业职业技术学院　金正连）

感悟与思考

人心都是肉长的，对待母亲和妹妹，许建业特别温暖和贴心；面对敌人，许建业却能经受四十八种酷刑而不屈。亲爱的同学，你认为是什么力量支撑许建业那么坚强？

知识拓展

好书推荐：《红岩》

重庆作家罗广斌、杨益言创作的长篇小说《红岩》，以解放前夕“重庆中美合作所集中营”敌我斗争为主线，通过集中营的狱中斗争、重庆城内的学生运动和地下工作、农村根据地的武装斗争三条线索，以全面的广度和深度再现了国民党统治行将覆灭、解放战争走向全国胜利的斗争形势和时代风貌，塑造了许云峰、江姐为代表的共产党人英雄形象；同时对反面人物的形象塑造也很有特色，既揭示了他们的反动本质，又不流于脸谱化。

《红岩》语言朴实，笔调悲壮，被誉为“革命的教科书”，先后被改编成电影《烈火中永生》和歌剧《江姐》等。

④ 陈然的"自白"书

1947 年,重庆《彷徨》杂志第五期发表了一篇文章《论气节》,文中写道:

气节,是中国知识分子的优良传统精神。什么是气节?就是孟子所说的"富贵不能淫,贫贱不能移,威武不能屈"的这种磅礴天地的精神。……在平时能安贫乐道,坚守自己的岗位;在富贵荣华的诱惑之下能不动心志;在狂风暴雨袭击下能坚定信念,而不惊慌失措,以至于"临难毋苟免",以身殉真理。

这篇文章的作者就是红岩英烈陈然,他用自己的生命对"气节"二字的深刻内涵作出了最透彻最有力的诠释。

★陈然烈士

陈然,原名陈崇德,祖籍江西,1923 年 12 月 28 日生于河北省香河县。父亲是海关小职员,先后在北京、上海、安徽、湖北、重庆等地工作,陈然也随父辗转各地生活、求学。1938 年,陈然在湖北宜昌参加抗战剧团,在抗日救亡宣传中接受了革命教育,经过实际工作锻炼,1939 年加入中国共产党。1940 年,正值国民党顽固派发动反共高潮,剧团内党组织撤离,陈然也因父亲工作调动,随家迁居重庆,党组织关系转到中共中央南方局。1942 年因躲避特务抓捕又与组织失去联系,陈然仍然自觉履行一个党员的职责,通过学习《新华日报》《群众周刊》等刊物领会党指示的斗争方向,主动深入工厂、码头与工人群众交朋友,启发他们的阶级觉悟。

1946 年国共内战全面爆发,中国社会处在向何处去的重大转折关口,很多青年的思想也因政治局势的复杂和自身前途的茫然而感到苦闷与彷徨。在

《新华日报》的引导下，陈然与一些进步青年创办了《彷徨》杂志，以小职员、小店员、失学和失业青年为对象，以谈青年切身问题为主要内容，形式上是“灰色”的，但内容是积极健康的，以此联系更广泛的社会群众，发展和聚集革命力量。

1947 年 1 月 1 日，《彷徨》正式出刊，出刊后很多读者向编辑部来信，倾诉种种不幸遭遇，以及个人生活上、思想上的苦闷。陈然担任编辑部的通联工作，利用业余时间答复读者来信，并负责到新华日报社取稿，常常工作到深夜，为杂志和读者呕心沥血。

1947 年 2 月，《新华日报》遭到国民党反动派的无理查封，报馆全体人员被迫离开重庆撤回延安。国民党政府实施的白色恐怖和新闻封锁政策，断绝了进步人士了解革命进程的渠道，重庆的政治生活顿时陷入一片沉闷压抑的氛围中。《彷徨》杂志也与《新华日报》断了联系，使陈然等进步青年失去了党组织的领导。

1947 年 4 月底的一天，陈然和《彷徨》杂志的蒋一苇、刘镕铸等人，突然收到党组织从香港寄来的《群众周刊》香港版和《新华社电讯稿》，这让陈然他们欣喜若狂。党组织并没有忘记他们，党组织寄来的秘密资料，就是他们在极其严峻的形势下继续开展工作的指路明灯。

从此以后，他们每隔几天便会收到党从香港寄来的《新华社电讯稿》，一个个人民革命胜利的消息，使大家备受鼓舞。他们认为应该把那些鼓舞人民的消息散发出去，可是该怎么干呢？由于《彷徨》杂志是公开出版物，不方便刊登，他们决定用油印小报的方式把这些消息传播出去，并将该报定名为《挺进报》。陈然担任该报特别支部书记，负责刻版和印刷，另外一位同志负责收听广播。他们还希望中共地下党组织能看到这份小报，使他们能尽快恢复与组织的联系。

果然，《挺进报》很快就传到重庆地下党组织，中共重庆市委派彭咏梧和他们接上关系，决定将《挺进报》作为重庆地下党市委机关报，并购买收音机直接收听延安电台，同时成立电台特支和《挺进报》特支，陈然负责油印，成善谋负责抄收消息。就这样，《挺进报》犹如一把钢刀，直插敌人的心脏；犹如一座灯塔，照亮山城人民前进的方向。

后来，地下党为了对敌人展开“攻心”战，将《挺进报》直接寄给敌人。

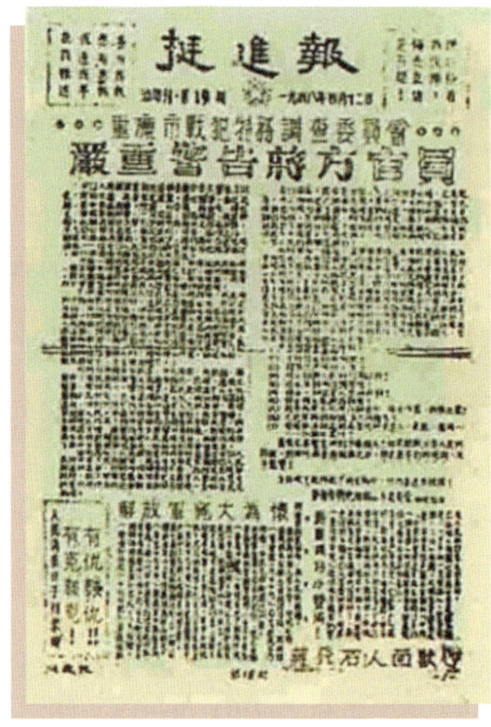
挺進報

重慶市戰犯特務調查委員會

嚴重警告蔣方官員

★《挺进报》

国民党重庆行辕主任朱绍良收到《挺进报》后大发雷霆，他把行辕二处处长徐远举叫到办公室训斥道：“你徐处长说的，中共南方局已撤离了，《新华日报》查封了，重庆的共产党销声匿迹了，那为什么共产党的《挺进报》还寄到我的办公桌上来了？你怎么解释？”朱绍良命令徐远举限期破获地下党的《挺进报》。

这一棘手的案子让徐远举很头疼。他在解放后关押于战犯管理所时写下的《血手染红岩》的交待材料中，对破坏《挺进报》的过程有这样的交代：“限期破案对我来说是一个沉重的压力。顶头上司的震怒，南京方面的责难，使我感到有些恐慌，也有些焦躁不安。当时特务机关的情报虽多如牛毛，但并无确实可靠的资料。乱抓一些人又解决不了问题，捏造栽赃又怕暴露出来更麻烦。我对限期破案不知从何下手，既感到愤恨恼怒，又感到束手无策，但在无形战线上就此败下阵来，又不甘心。”

他绞尽脑汁，终于想到了“堡垒从内部攻破”的策略，制定了“红旗特务计划”，就是把经过培训的特务，伪装成进步学生、工人、失业人员，派遣到社会各单位、团体中接近他人，搜寻蛛丝马迹。

当时重庆有个民盟办的文城书店，是地下党发行《挺进报》的一个联络点。书店被国民党查封后，地下党安排店员陈柏林到社会大学学习。在“社大”，“红旗特务”曾纪纲伪装成进步学生，表示要帮助陈柏林恢复书店，希望陈柏林提供一些进步书刊资料给他学习。

曾纪纲的假象骗取了陈柏林的信任。陈柏林向他的上级任达哉要求发展曾纪纲，以便协助他开展工作。当任达哉决定与曾纪纲面谈时，曾纪纲立即向特务汇报，徐远举马上派出特务抓捕了陈柏林和任达哉。

陈柏林虽然年幼无知，被特务假象所蒙蔽，但被捕后，在敌人的酷刑面前却表现得十分坚强。而任达哉被捕后经受不住酷刑折磨，投降叛变，出卖组织，出卖同志，由此引发整个重庆地下党组织遭到一连串的大破坏。地下党组织迅速作出反应，通知有关同志转移。

4 月 21 日，陈然收到一封神秘的信："近日江水暴涨，闻君欲买舟东下，谨祝一帆风顺，沿路平安！"下面署名是"彭云"。"彭云"是江姐的儿子，那时不过是个 2 岁的孩子。陈然收到此信，猜测地下党组织可能出了事，但他并没有立即转移，他决定找相关同志核实情况，并坚持把第 23 期《挺进报》印刷发行后再转移。

1948 年 4 月 22 日傍晚，陈然印刷完最后一期《挺进报》，刚把蜡纸烧掉，外面就传来急促的脚步声，果然是特务按叛徒提供的线索追到他家。陈然赶紧推开窗户，把扫帚挂在窗户下面的钉子上，给接头同志发出暗号。敌人搜查他的住所，除了查到第 23 期《挺进报》和油印工具外一无所获。

陈然被捕后，被国民党特务的酷刑折磨得死去活来，醒来后总是怒斥匪徒。最后特务强行把他架起来，拿出纸笔，要他招供。面对敌人的酷刑威逼，陈然坚强不屈，展现了一个共产党员坚定刚毅的意志品质。

在狱中，他用同志们传递给他的半截铅笔，把外面的消息和革命胜利的喜讯写在香烟纸上作为狱中《挺进报》，利用墙壁的孔洞在狱中广泛传阅，极大鼓舞了狱中同志们的斗争意志。

陈然受尽种种酷刑，始终只承认《挺进报》从编辑、印刷到发行全部是他一人所为。他决心牺牲自己，保护组织和同志。特务们要他写"自白"书，陈然拿起笔，写下了惊天地泣鬼神的诗篇《我的"自白"书》：

任脚下响着沉重的铁镣，
任你把皮鞭举得高高，
我不需要什么"自白"，
哪怕胸口对着带血的刺刀！
人，不能低下高贵的头，
只有怕死鬼才乞求"自由"；

毒刑拷打算得了什么？
死亡也无法叫我开口！
对着死亡我放声大笑，
魔鬼的宫殿在笑声中动摇；
这就是我——一个共产党员的“自白”，
高唱凯歌埋葬蒋家王朝。

1949年10月28日，陈然上演了他生命中最后的悲壮一幕。

在国民党法庭上，“法官”张界宣读判词：“成善谋，《挺进报》电讯负责人；陈然，《挺进报》印刷负责人……”听到这些，陈然、成善谋这两位老战友惊喜地四目相对，他们甩开特务的约束，紧紧地拥抱在一起，不约而同地说出：

“紧紧地握你的手！”

“致以革命的敬礼！”

原来，《挺进报》特支和电台特支都是单线联系，互不往来。陈然在印刷《挺进报》的时候，发现每次组织上转来的电讯稿字迹工整，一笔不苟，他被收录员严谨认真的态度深深折服，就写了一句“致以革命的敬礼”向这位同志表示敬意，考虑到工作纪律，没有署名，由组织转交。几天后，他收到回信，也是简单的一句“紧紧地握你的手”，同样没有署名，这位同志就是即将共同赴死的战友成善谋。

两位战友的“表白”，使国民党的法庭顿时秩序大乱，审判实在无法进行下去，特务只好草草收场。当陈然等十人被押到刑场时，陈然突然转过身来，面对刽子手说：“你们有种的，正面开枪！”国民党行刑队不敢正面开枪，他们强行把陈然扭转过去，还是从后面开了枪。陈然在刑场上是何等的英勇，何等的潇洒！“对着死亡我放声大笑”，这视死如归的英雄气概，是他伟大人格力量的真实写照，是他对生命意义的有力诠释！

陈然，我们后辈们记住了你，记住了你——一个共产党员不朽的自白！

（**撰稿**：重庆工业职业技术学院　金正连）

感悟与思考

1. 陈然烈士的《我的“自白”书》曾编入小学课本。亲爱的同学，你读过这首诗吗？陈然在那么危险和艰难的情况下，坚持印刷出版《挺进报》，今天当你读到陈然的事迹时有什么感受？

2. 在敌人的法庭上面对着死亡判决，陈然与战友成善谋“相拥”时还能潇洒地“紧紧地握你的手！”“致以革命的敬礼！”亲爱的同学，对这种“潇洒”你有什么感想？

知识拓展

《挺进报》是怎么印出来的？

《挺进报》旧址位于重庆市南岸区野猫溪31号，这栋青砖小屋曾是中粮公司机器厂的一个修配车间，也是陈然的家。

当年,《挺进报》的编、刻、印工作都在这里进行。白天刻版,夜间印刷。陈然见房间木板壁有许多缝隙，就用一层厚纸糊住，窗户挂上一床毯子，电灯用黑纸做一个灯罩，避免了因通宵开灯引起人们注意。

为防敌人搜查，陈然不用油印机，而是用图钉把刻好的蜡纸一头钉在桌子上，用打磨过的光滑竹片代替滚筒，蘸上油墨在蜡纸上刮印，印完后烧掉竹片和蜡纸，就不留下任何痕迹。由于天热蜡纸易熔化，陈然买来不同牌号的蜡纸、油墨、纸张，反复琢磨、试验，最终一张蜡纸能印1000份报纸。

❺ 刘国鋕拒绝蒙羞营救

“五哥，你怎么到这儿来啦？”

“国鋕，你不知道，为你的事，全家人急得团团转！我这次是专门回来解决你的问题。我与徐处长已经谈好，只要你在退党声明书上签个字，在报纸上公布一下，徐处长对你以前的事情就既往不咎。出去后，你愿意读书可去美国，不愿意读书可到香港来协助我发展。反正你不要再去搞什么共产革命了，弄得我们一家人不安宁……”

1948 年秋，刘国鋕的五哥刘国錤专门从香港回到重庆，营救关押在白公馆监狱的弟弟刘国鋕。

刘国鋕，何许人也？

刘国鋕，1921 年出生于四川泸州一个大富豪家庭。他排行第七，是大家庭中倍受娇宠的幺儿，但就是这样一个大家庭“少爷”的刘国鋕，却被关押在暗无天日、专门刑讯折磨革命者的“活棺材”白公馆，这究竟是什么原因呢？

1936 年，刘国鋕进入建国中学读书，聆听了不少抗日救国的演讲，参加了一些集会和读书会，阅读了艾思奇的《大众哲学》、列昂节夫的《政治经济学讲话》、杜德的《世界政治》《思想方法论》以及《子夜》《阿 Q 正传》等进步书籍。他眼界大开，逐步觉醒，开始深刻认识和分析他的家庭和中国社会。他在给五姐的信中说：“这个‘家’，都是旧社会垂死的身躯上底一个烂疮。……它已经完全是一块脓血和腐肉。……因为旧社会的身躯上，每一个‘家’差不多都是疮……整个身躯都要死亡，寻不出有希望的肉（家）。有希望的肉（家）只存在在健康的身躯里。我们要得到完全的幸福，只有让新的产生，让旧的死亡。”

1939 年，他考入西南联大经济系，1940 年入校学习。这时候的刘国鋕已不满足单纯从书籍中寻求真理了，他开始深入社会实践去思考问题。他发现有的同学缺少生活费，有的甚至因交不起学费而被迫辍学。他加入进步学生组织，开始受到进步学生和地下党员的影响和教育，去认识、分析、了解中国社会各阶层的状况；他更关注时局，为国民党军队在日本进攻下节节败

★刘国鋕西南联大毕业照

退、丢失祖国大好河山而痛心疾首；为中国共产党没有在国民党的“围剿”、日寇的进攻下垮下去，反而在斗争中发展壮大而备受鼓舞。通过比较，他认识到只有中国共产党才是中华民族的救星，他决心走革命的道路，毅然加入了中国共产党。

1944年，刘国鋕大学毕业。他的家人希望他到国外继续读书深造，而他却主动向党组织申请，去云南陆良县参加党组织发展工作。云南陆良县当时连电灯都没有，他在那里一面教书，一面进行社会实践。通过对少数民族村落的调查，他发现老百姓连做人的基本权利都没有，很多地方还处于原始状态。通过对现实社会的认识和反思，他更加坚定了从事社会革命、追求共产主义的信念。

1945年，刘国鋕受党组织的派遣到重庆工作，公开身份是四川省银行经济研究所资料室研究员。1947年他担任地下党沙磁区学运特支书记。在这期间，著名民主人士李公朴、闻一多在昆明遭到反动派暗杀，刘国鋕成功组织了重庆各学校学生走上街头示威声援；他还以刘钢为笔名，在《新华日报》发表了《略论闻一多先生》的文章。

1948年4月，由于叛徒出卖，刘国鋕不幸被捕。国民党重庆行辕二处处长徐远举欣喜若狂，他认为这个细皮嫩肉、文质彬彬，出生于大地主、大资产阶级家庭的少爷只不过是青年人图新鲜、赶时髦而已，不可能是真正的共产党，更不可能真正相信共产革命那一套。他会同国民党保密局行动处处长叶翔之、渝站站长颜齐对刘国鋕进行审讯。

审讯中，特务们提出了许多问题，刘国鋕的回答是一连串的“不知道”。徐远举的喜悦心情逐渐消失，于是要弄起劝诱和威胁并重的手段。

徐远举问刘国鋕：“你这万贯家财的少爷，家里有钱有势，有吃有喝，你闹什么共产党？你共谁的产？你要知道，这共产是闹不得的，要坐班房、杀头的。”

刘国鋕冷冷地看了特务一眼，没有吭声。

徐远举又对刘国鋕说：“你的上级已将你出卖了，否则，我们不可能把你抓住，今天让你来，就是看你老实不老实。如果不老实，只怕你的皮肉细嫩，吃不消。”

听了徐远举的话，刘国鋕却冷笑着回答：“既然我的上级已将我出卖，你们什么都知道，又何必来问我呢？你问我，我什么也不知道。”

徐远举万万没有想到，这个细皮嫩肉的公子哥儿如此不识抬举，他要用刑罚对刘国鋕进行惩治！

在特务们“别致而又丰富”的酷刑面前，刘国鋕没有屈服。他牙关紧咬，大汗淋漓，一言不发，弄得敌人无法审讯，只得给他带上脚镣，投入监狱。

刘国鋕被捕后，刘家积极营救，特地从香港请回刘国鋕的五哥刘国錤。刘国錤是国民党四川省建设厅厅长何北衡的女婿，在香港开公司做生意。

第一次刘国錤从香港回来，带回许多东西，打点特务机关的上上下下。他专门给徐远举送了一个纯金香烟盒、一只劳力士女式金表和其他礼物。收受了刘家的贿赂，特务机关的里里外外也帮刘国鋕说话，徐远举同意放人，但是他提出，刘国鋕必须在报上发表声明退出中共组织。刘家同意后，徐远举安排两兄弟先见面。

刘国鋕被特务带到了徐远举的办公室。刘国鋕做梦也没想到会在这里突然见到哥哥。当时，他和“政治犯”们关在监狱里，戴着脚镣手铐，吃的是沙多、糠多、稗子多的“三多饭”，每天只有早晚十分钟的放风时间，突然看见自己的家人会是一种什么样的心情？此刻他真想冲上前抱住哥哥痛哭一场。但是，刘国鋕用理智控制自己的情感，于是，便出现了故事开头的那段刘国鋕与五哥刘国錤的对话。

五哥刘国錤说完，便把刘国鋕拉到徐远举办公桌前，说：“来，国鋕，赶紧在上面签个字！”

刘国鋕一看，退党声明书上写着：“吾人加入中国共产党匪组织，现经政府教育帮助大彻大悟，即日起宣布退出中国共产党匪组织，今后该组织一切活动与本人无关。”具结人一栏，正等待他签字。

徐远举也在一旁劝说：“你这样的家庭，有钱又有地位，怎么去当共产党。

现在只要你签个字脱离共产党，我就释放你。”

而刘国鋕却毫不犹豫地说：“不行！我死了，有共产党我等于没有死；如果我出卖组织，我活着也没有什么意义。”

他的哥哥在一旁苦苦相劝，而刘国鋕只是含着眼泪缓缓地摇头。第一次营救就这么失败了。

1949 年 7 月，人民解放军已越过长江向华南、西南进军，重庆也面临解放。刘国鋕的家人再一次为他的安危进行奔走。这一次，刘家人又从香港请回了刘国錤，而刘国錤给徐远举送去的礼物则是一张空白支票。他提出：“你们要多少钱，自己填，我们刘家只有一个要求，降低条件放人。”

当时，国民党许多达官贵人纷纷撤到重庆，再经昆明等地退到台湾，兑美元，抢黄金，乱成一锅粥。这时候有人送上空白支票，是求之不得的好事，所以保密局立即爽快地答应，降低条件，释放刘国鋕。但徐远举很顽固，他提出，刘国鋕不声明退党可以，但必须认错，写悔过书。刘国錤考虑到弟弟的倔强性格根本不可能写什么悔过书，便向徐远举提出能不能代写悔过书，让刘国鋕签字。徐远举同意了。这样，刘国鋕第二次被带到特务办公室。

兄弟再见，刘国鋕就问：“五哥，我要的全家照片带来没有？”刘国錤赶紧递上照片，刘国鋕一看这张全家福，再也控制不住自己的情感，两行热泪夺眶而出。他饱含深情地看着照片，努力控制住自己的情绪，擦干眼泪，将照片放进囚衣。

刘国錤赶紧上前劝说：“国鋕，今天我们什么也不要再争了，你不知道外面已经乱成什么样子，你再不出去，小命就难保了！徐处长已经答应你带着共产党员的称号出去，但是你得跟政府认个错，你罢课捣乱总是不对的嘛！这个悔过书是我写的，你只签个字。今后要追究找我，与你无关。”

刘国鋕看到五哥焦急伤心的样子，心中十分难受，他不能在特务的办公室，给埋头做生意的哥哥讲革命道理，但他决不能让特务去玩弄亲人的泪水，践踏兄弟的情谊。他毅然起身，说道：“五哥，我理解你和家里人对我的牵挂。我有我的信念、意志和决心，这是谁也动摇不了的！我自愿为人民牺牲自己，你们不要再管我，也不要再来了！”

刘国錤伤心地一再哭劝，甚至跪在地上苦苦哀求，要刘国鋕即使不为自己着想，也得为家人着想！但是，刘国鋕仍然十分坚定地表示，释放必须是无条件的。这样，第二次营救也宣告失败。

1949 年 10 月起，国民党特务对关押在白公馆、渣滓洞的革命者实施大屠杀。11 月 27 日，白公馆大屠杀开始。

当刽子手提押刘国鋕的时候,早有准备的刘国鋕正伏在牢房地板上写“就义诗”。面对特务的吼叫，刘国鋕回答：“不要慌，等老子把诗写完以后，再跟你们走。”可刽子手不容分说，上前将他架出了牢房、推向刑场。

在赴刑场途中，刘国鋕一路痛骂蒋介石、国民党，以及大大小小的特务，高呼社会主义一定胜利，革命必定成功。就义时，他再一次宣布自己是共产党员，为革命而死，无上光荣，死而无憾，死而无愧！

后来，狱友把他就义时的话整理出来，完成了他未写完的《就义诗》：

同志们，听吧！
像春雷爆炸的，
是人民解放军的炮声！
人民解放了，
人民胜利了！
我们——
没有玷污党的荣誉！
我们死而无愧！

刘国鋕舍弃自己的优越生活，毅然投身革命，二次拒绝玷污他党性名誉的营救，这是一个共产党员对信念无限忠诚的高贵选择。只要中国共产党存在，虽死犹生。他虽然生命短暂，但是精神永存。

（**撰稿：**重庆工业职业技术学院　金正连）

感悟与思考

1. 刘国鋕出身于富贵家庭，毕业于国内名牌大学，还可以去美国留学。用今天的话说，就是一个“土豪”。可他却走上了没有钱，还要随时准备牺牲一切的革命道路。你怎么看待刘国鋕的选择？

2. 刘国鋕入狱后，他的家人两次来营救他，但因为要签署退党声明或悔过书而遭到他的断然拒绝。亲爱的同学，对此你能理解吗？

西南重镇重庆解放

辽沈、淮海、平津三大战役后，国民党的统治摇摇欲坠。1949 年 10 月中旬，广州解放，国民党政府迁都重庆，国民党党政军要员群集于此。11 月 30 日凌晨，蒋介石等党政军要员乘飞机逃离重庆，午后，解放军第十一军、第十二军、第四十七军先头部队 5 个营进入重庆市区，重庆正式宣告解放。

重庆，是中国人民解放军在解放战争中解放的最后一座特大城市。重庆解放，标志着以蒋介石为首的国民党政府“建都重庆，割据西南，等待国际局势变化”幻想彻底破灭，同时为解放西南全境进而和平解放西藏奠定了坚实的基础，在中国人民解放战争史上占有十分重要的地位。

第九章 解放中国

从 1921 年 7 月 23 日中共一大的召开，到 1949 年 10 月 1 日天安门广场升起鲜艳的五星红旗，28 年间，中国共产党团结带领全国人民前赴后继，为把半殖民地半封建的中国从水深火热之中解放出来而浴血奋战。

抗战期间，中国共产党领导人民军队深入敌后，广泛开展抗日游击战争，建立了约 100 万平方公里、近 1 亿人口的抗日根据地，同日伪军作战 12.5 万余次，歼灭日军 52.7 万人，歼灭伪军 118.7 万人，取得了平型关大捷、夜袭阳明堡机场、百团大战等战役的胜利，形成了人民战争的汪洋大海，创造了人类战争史上的奇观。

从 1946 年 6 月底开始，中国共产党领导解放区军民，反抗国民党反动派发动的全面内战，进行了一场伟大的人民解放战争。第一阶段，经过 8 个月的英勇作战，解放军顶住了国民党军的猖狂进攻。1947 年 7 月，解放军由战略防御转入战略进攻，连续进行了辽沈、淮海、平津三大战役，消灭了国民党军的主力。1949 年 4 月，解放军横渡长江，解放南京，宣告了国民党统治的覆灭。到 1950 年 6 月，残存在华东、中南、西南、西北的国民党军被全部歼灭。1951 年西藏和平解放。至此，中国人民迎来了除台湾外的全国解放。

为了中国的解放，从党的领袖到民主人士，从人民军队普通战士到布衣百姓，大家万众一心，团结战斗。这里选取了西柏坡、沂蒙山、苏北、广东东江等革命根据地流传下来的感人故事。

❶ 华侨将军曾生

曾生原名曾振声，生于广东省惠阳县坪山乡石灰陂村（今属深圳市坪山新区）。父亲曾庭杰是澳大利亚华侨，曾经在一艘英国轮船上当厨师。母亲钟玉珍是一位纯朴的农村妇女。曾生是广东一二·九运动的学生领袖，东江纵队创始人，历任广州学生抗日联合会主席，中共香港海员工会书记，东江纵队暨两广纵队司令员，广东军区副司令员，南海舰队副司令员，广东省副省长兼广州市市长，国家交通部副部长、部长，国务院顾问等多种职务。1955 年被授予少将军衔。

★曾生中山大学毕业照

1923 年，曾生远赴澳大利亚悉尼读书，因目睹华人被白人称为“劣等民族”，遭受欺侮和歧视而立下振兴中华的志愿。1928 年，曾生从悉尼的商业学院毕业回国，半年后入中山大学附中预科，1933 年 7 月，直接升入中大文学院教育系读书。读书期间领导广州学生抗日示威游行，被军阀陈济棠通缉。曾生位列通缉黑名单榜首。为躲避通缉，他改“曾振声”为曾生，南逃香港寻找党组织。党组织了解他的情况后，委以重任，让他担负香港海员工人运动的领导工作。陈济棠垮台后，1936 年 9 月曾生重回中山大学读书。同年 12 月，曾生与丘金、叶盘生成立了中共香港海员工作委员会（简称香港海委），并任组织部长。1937 年 7 月，曾生由中山大学毕业，在香港以教师为公开职业坚持革命斗争。

1938 年 10 月 13 日，日军在大亚湾登陆的第二天，曾生主动向八路军驻香港办事处负责人廖承志请缨，回家乡坪山开展抗日游击战争，救国救民。10 月 24 日，曾生带领一批党员和积极分子回到家乡坪山。12 月 2 日，在叶挺将军的家乡淡水周田村成立惠（州）宝（安）人民抗日游击总队。

队伍刚成立时，缺少武器和军饷，曾生说服族人把石灰陂村当时仅有的5支土枪、2门土炮以及6个冚（喜庆时用火药装上，点燃做礼炮用）捐给部队做武器。为了给伤员买药，曾生卖掉了家中最后几块良田。曾生做母亲钟玉珍的思想工作说："没有国哪有家啊！"钟玉珍虽然没有文化，但却深明大义，她把地契交给曾生之后，整整哭了三天三夜——这实在是家里最后的生活来源啊！

1940年9月，根据党中央指示，"东江地区的人民抗日武装，合编为广东人民抗日游击队第三大队和第五大队"，曾生任第三大队队长，王作尧为第五大队队长。1941年12月8日，日军进攻香港。曾生和王作尧趁日军占领九龙还没有攻陷香港的时候，当机立断派两支武工队挺进港九，开辟了港九到东江游击区的交通线。以此为基础，广东人民抗日游击队与港九党组织密切配合，从日军的屠刀下抢救出包括何香凝、柳亚子、邹韬奋、茅盾、胡绳、张友渔在内的文化人士和民主人士七八百人。此外还营救了国际友人和国民党官员及眷属近百人。国民党第七战区司令长官余汉谋夫人上官德贤女士主动向我游击队请援，被安全营救。著名文学家茅盾在《脱险杂记》中称此次营救是"抗战以来（简直可说是有史以来）最伟大的'抢救'工作"。著名文化人士邹韬奋为表达获救的感激之情为曾生题词："保卫祖国，为民先锋。"

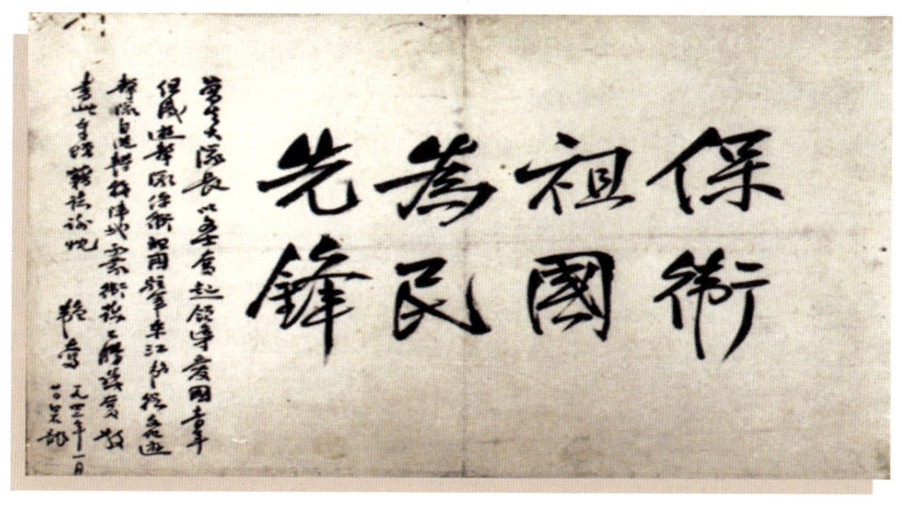

★邹韬奋赠给曾生的题词

1943 年 12 月 2 日，根据中共中央的指示，广东人民抗日游击队东江纵队正式成立，曾生任司令。东江纵队在救护遇难的盟国飞行员方面很有成绩，因此引起在华美军总部的重视。在华美军司令部决定与东江纵队合作，并在 1944 年 10 月派遣一个情报组到达东江纵队司令部。与美国的情报合作使东江纵队获得了陈纳德将军、在华美军总部和华盛顿方面的赞誉。东江纵队情报站被认为是“美军在东南中国最重要的情报站”，它的情报被马歇尔誉为二战期间美军获得的“最重要最有价值的情报”，其中关于日本王牌部队波雷部队的情报对战争结束方式产生重大影响，它的工作被认为“无论在质量上还是在数量上都是优越的”，而且对美军在中国方面这个组织的成功“有着决定性的贡献”。

1945 年，朱德总司令在中共七大会议上做了题为《论解放区战场》的军事报告，他在报告中将东江纵队与琼崖纵队等抗日游击队改编成的华南抗日游击纵队与八路军和新四军一同誉为“中国抗战的中流砥柱”。然而，抗战胜利后，国民党拒绝承认东江纵队，叶剑英以北平军调处执行部中共方代表的身份，郑重地向重庆和广州方面交涉，“要求承认广东人民抗日游击纵队”，并指出“它的领袖是曾生”。

为了执行国共两党“双十协定”，东江纵队主力北撤山东解放区。曾生仍保留东江纵队司令员职务并任华东军政大学副校长，分管北撤部队的学习及训练。1947 年 8 月 1 日，以原东江纵队主力为基础正式成立中国人民解放军两广纵队。两广纵队在曾生的领导下参加了解放战争华东战场的济南战役、淮海战役等重要战役。1949 年 3 月，曾生又领导两广纵队和粤赣湘边纵队（由东江纵队北撤后部分留在原地坚持武装斗争的部队发展而来）共同担负解放广州战役一翼的任务，为解放广东全境作出了贡献。

（撰稿：深圳职业技术学院　李强）

感悟与思考

为组建革命武装抗日救国，曾生“说服族人把石灰陂村当时仅有的 5 支土枪、2 门土炮以及 6 个趸捐给部队做武器。为了给伤员买药，曾生卖掉了家中最后三块 3.5 亩良田”。革命战争年代，共产党就是那样克服一切困难开展革命斗争的。今天，我们已有了较好的学习条件、生活条件和工作条件，但仍然会遇到许多困难。亲爱的同学，我们该如何去克服这些困难呢？

知识拓展

东江纵队

东江纵队全称是广东人民抗日游击队东江纵队，是抗日战争时期中国共产党在广东省东江地区创建和领导的一支人民抗日军队，是开辟华南敌后战场、坚持华南抗战的主力部队之一。

东江纵队是在曾生、林平、王作尧、杨康华等领导下，从无到有，从小到大发展起来的抗日武装力量，其开辟的华南敌后抗日战场成为“敌后三大战场”之一。1945 年，朱德总司令在党的七大军事报告《论解放区战场》中指出：“伟大的中国人民军队——八路军、新四军和华南抗日纵队，和敌人进行了空前英勇的、残酷的、可歌可泣的胜利战争，成为中国抗战的中流砥柱。”华南抗日纵队由东江纵队与琼崖纵队等抗日游击队改编而成，朱德总司令对东江纵队的历史功绩给予了高度的评价。

❷ 沂蒙红嫂乳汁救伤员

“蒙山高、沂水长，军民心向共产党……续一把蒙山柴，炉火更旺，添一瓢沂河水，情深谊长……”

这段优美动听的旋律谱写了党和群众、军队和人民血乳交融、鱼水情深的颂歌。在抗日战争和解放战争时期，沂蒙人民一心向党、军民一家，先后涌现出了沂蒙母亲、沂蒙红嫂、沂蒙六姐妹等感人故事，而明德英就是沂蒙红嫂的真实原型。

明德英生于山东省沂南县岸堤村一个贫苦农民家庭，2 岁时因一场重病成了哑巴。21 岁那年，明德英讨饭来到沂南县马牧池乡横河村，经人介绍，嫁给了既无土地又无房屋，靠给人家卖苦力挣饭吃的贫苦农民李开田。看到夫妻俩的拮据境况，乡亲们让他们去看守墓林。明德英和丈夫就住在墓地边一个青石垒砌为墙、黄色茅草为顶、四面透风的简陋窝棚里。

1941 年 11 月 4 日清晨，明德英刚要抱着不到一岁的小儿子出门，就看见一个八路军小战士一边跑，一边不安地回头观望，跌跌撞撞地靠近墓地。明德英将这一切看在眼里，明白了小战士的处境，赶紧迎上去将他拉进自家窝棚里，让他在床上躺下，再用破烂不堪的被子给他盖上。这时，两个追来的日本兵一脚把房门踹开了。

日本鬼子逼问明德英：有没有看见一个受伤的八路？她指着自己的嘴巴，又指了指耳朵，摆摆手，示意自己是一个聋哑人。两个鬼子不愿离开，打着手语再次逼问明德英，受伤的八路军战士到底去了哪里？明德英心里着急，就胡乱朝西山方向一指，两个日本兵竟信以为真，持着枪转身朝西山追去。

这个被救的八路军小战士名叫彭小春。当时正值日伪军大肆扫荡沂蒙山区，彭小春为了掩护首长和机关转移，在冲出敌人包围圈时身负重伤，一路踉跄着撤退到明德英看护的墓地里，正巧遇到明德英。

搜捕的日本鬼子走后，彭小春因失血过多而昏迷过去。明德英心急如焚，不知该如何才能救这个小战士。忽然看到身旁号啕大哭的小儿子，明德英心里有了主意。她顾不得羞怯，毅然解开衣襟，将自己的乳汁一滴一滴滴进彭小春的嘴里，小战士终于得救了。

为了给彭小春滋补身体，她又和丈夫李开田将家里仅有的两只老母鸡杀了，熬成鸡汤给彭小春喝。闻到鸡汤的香味，明德英幼小的孩子们凑了过来，但是她却没舍得给孩子们喝上一口鸡汤、啃上一块骨头。

明德英每天都细心为小战士清洗感染流脓的伤口。在夫妻俩的精心照料下，没过多久，彭小春的伤就基本痊愈，他含泪与明德英李开田夫妇告别，去追赶部队。

1943 年初，日军再次对沂蒙山区抗日根据地进行残酷的“大扫荡”。1 月 27 日，日军一步步紧逼八路军山东纵队驻地马牧池一带，手无寸铁的当地百姓被日军驱赶进包围圈，明德英的丈夫李开田不幸落入其中。李开田同其他被抓的老百姓一起，被押解到沂水县城的一座破庙里。

李开田平时比较机警，趁日本兵休息的时候，他发现在被抓的人群中有一位八路军小战士，名叫庄新民。原来，这是八路军为了减少伤亡，决定让庄新民等一批年龄较小的战士，穿上老百姓的衣服做掩护突围，庄新民就是在一个伸手不见五指的夜间战斗中不慎掉队，与众多避难的老百姓一同被日军抓住。他由于年龄小，并未引起日军的注意，所以暂时没有暴露身份。

为了帮助小战士躲过日军的搜查，李开田悄声对庄新民说：“如果鬼子审问你，你就说是我的儿子，我叫李开田，儿子是‘长’字辈，你叫庄新民，待会就说叫‘李长民’。鬼子要是问你家里还有什么人，就说家中还有两个弟弟，娘是个哑巴，叫明德英。”

不一会儿，庄新民就被拉进庙内审问，按照李开田的嘱咐，庄新民对答如流，毫无破绽。躲过日本兵的审问后，庄新民和李开田又一起被押解到泰安，在做了一个月的苦力后才被释放回乡。历经一个月的磨难，庄新民身体变得非常虚弱，高烧不退。李开田毅然背着他翻山越岭，跨沟过河，长途跋涉一百多里，回到沂南马牧池村的家。

明德英见丈夫背回一个陌生人，没有任何怨言。夫妻俩不顾自身安危，冒着日伪军时常搜查的危险，把庄新民藏在自家窝棚、村外石沟、附近墓地和草丛里，精心照料。由于历经长时间的疲劳、伤痛和饥寒的折磨，庄新民虚弱至极，奄奄一息。明德英就时常用自己的奶水喂养他，终于把他从死亡线上救了回来。

在明德英的精心照料下，经过一段时间的休养，庄新民的身体逐渐恢复。

★沂蒙红嫂明德英

他依依不舍，含泪告别自己的救命恩人，踏上了归队的路途。

明德英乳汁救八路军小战士的事迹，后来被作家刘知侠写入短篇小说《红嫂》，继而被编入京剧《红云岗》、舞剧《沂蒙颂》。沂蒙红嫂用乳汁救伤员的故事传遍全国。新中国成立后，明德英又先后让自己的儿子、女儿、孙子等参军入伍，充分体现了她爱党爱军的沂蒙精神。

最后一尺布，用来做军装；最后一碗米，用来做军粮；最后一个儿子，送他去战场……

在革命战争年代，沂蒙人民在艰难困苦的条件下，用最朴素的行动诠释了爱党爱军、无私奉献的沂蒙精神。2013 年 11 月，习近平总书记视察临沂时说："沂蒙精神与延安精神、井冈山精神、西柏坡精神一样，是党和国家的宝贵精神财富，要不断结合新的时代条件发扬光大。"在实现中华民族伟大复兴中国梦的今天，我们要按照习近平总书记的讲话要求，努力把沂蒙精神发扬光大。

（**撰稿：**临沂职业学院　郑佩瑶）

感悟与思考

沂蒙红嫂自愿用乳汁救助八路军小战士而不图任何回报。亲爱的同学，你认为是什么原因促使红嫂们愿意这样做呢？习近平总书记说：“沂蒙精神与延安精神、井冈山精神、西柏坡精神一样，是党和国家的宝贵精神财富，要不断结合新的时代条件发扬光大。”我们应该怎样发扬这些精神呢？

知识拓展

沂蒙山

沂蒙山是山东泰沂山脉的两个支系，指的是以蒙山、沂山为地质坐标的地理区域。

沂蒙山是著名的革命老区，是苏鲁豫皖边区省委所在地，大众日报创刊地，中共中央山东分局旧址、八路军山东纵队旧址、孟良崮战役陈毅指挥所旧址所在地，是国防教育基地、爱国主义教育基地、社会实践基地，全国百家红色旅游区之一。解放战争时期诞生了如沂蒙红嫂、沂蒙母亲、沂蒙六姐妹等英雄儿女。他们把“最后一碗米做军粮，最后一块布做军装，最后一个儿子送上战场”，为中国革命作出了重大牺牲和贡献。他们“百万人民拥军支前，十万英烈血洒疆场”的英雄壮举永载史册，是一座人民解放战争的丰碑。

抗日战争和解放战争期间，沂蒙老区420万人口中，有140万群众参军支前，3万沂蒙优秀儿女献身疆场。沂蒙人民与山东党政军一起，在沂蒙这块红色的热土上，共同创造了“爱党爱军、开拓奋进、艰苦创业、无私奉献”的沂蒙精神。

③ 刘老庄八十二烈士

在江苏省淮安市淮阴区，每年的3月18日刘老庄连八十二烈士殉国纪念日和清明节，来自社会各界的市民都会走进刘老庄八十二烈士陵园，缅怀革命先烈的丰功伟绩。

1943年2月，日伪军调集了25000余兵力，对盐阜区发动了大规模的军事“扫荡”，遭到盐阜区军民英勇反击后，日军被迫撤向淮海，沿途继续进行“扫荡”。3月18日子夜，淮阴城里的日军1000余人、伪军600余人突然出动，携带100多门大小火炮，向六塘河方向猖狂进攻。

刘老庄位于淮阴城北40里，离淮沭公路不远，是淮阴城日伪军北犯的必经之路。新四军第三师第七旅第十九团二营四连、六连就驻在刘老庄。得到敌人“扫荡”的情报后，按照上级命令，六连立即向东迂回，抢时间跳出包围圈；四连迅速跟上，马上转移。但四连连长白思才、指导员李云鹏看到地方机关和群众还在转移，就主动请示：先阻击敌人，掩护地方机关和群众转移后，再突围转移。

★刘老庄八十二烈士陵园

此次敌人出动重兵，目的是把驻淮阴六塘河北岸的我淮海区党政军领导机关一举歼灭。白思才、李云鹏深感肩上责任重大，要在这里拖住敌人，必有一场恶战。但为了掩护地方机关和群众安全转移，全连官兵同仇敌忾，全然将生死置之度外，誓与日寇血战到底。

3 月 18 日清晨，刘老庄阻击战打响了。白思才、李云鹏决定在庄南伏击日军。不足 20 分钟，伏击战取得胜利，四连撤到庄北的交通沟里，准备沿着交通沟往西突围。

交通沟，是苏北地区特有的一种交通通道，和华北的地道原理一样，只是苏北水位高，不能挖地道，就在地面挖出宽 5 尺、深 4 尺的沟道，人在沟里猫腰行动，平视是看不见的。这样的交通沟在根据地内基本做到了村村相连、庄庄相通。

日军从四面包抄过来，四连战士们一个跟着一个，沿着交通沟往西撤退。可是，跑不多远，队伍突然停住了。原来这条交通沟没有挖完，前面不通。当地的联防队长周文忠一边转移群众，一边试图带领民兵冲进包围圈救援。可是敌人的包围圈根本冲不进去，四连几次突围也未能成功。面对强敌，全连 82 人誓与敌人决一死战，这里成了他们最后的战场。

战斗一开始，日军即用炮火，企图将我军“掩埋进土里”。炮声中，弹片削去了连长白思才的右手。日军以为悬殊的武力能迫使我军屈服，于是派出一名叫“申得瑞”的伪军翻译喊话：“抵抗是没有意义的，把武器扔到战壕外面的人会得到优待。”回答敌人的是一阵更加激烈的枪声。日伪军恼羞成怒，集中炮火对四连阵地进行疯狂的轰击，并以大队骑兵实施冲击。

战斗已到了最激烈的时候，指导员李云鹏利用战斗间隙，为全连未入党的战士写下了入党申请书。他忍着伤痛爬到连长白思才跟前，叫白思才也签字。白思才签完字，又吃力地用负伤的手指郑重地按下了血印。李云鹏将申请书小心翼翼地折叠后放进上衣口袋，语气坚定地说：“希望首长能看见这个集体入党申请书！”

这是一场极为惨烈的战斗。在兵力上，日军人数足足是我军人数的 20 倍；在武器上，我军只有“汉阳造”，再加一挺重机枪，而日军除了有精良的轻武器外，还有山炮、九二步兵炮、迫击炮等重武器。

面对装备精良、20 倍于己的敌人，四连干部战士毫不畏惧，他们凭借顽强的意志和高昂的士气，足足战斗了12个小时，连续打退日军5次冲锋。但随着战斗的继续，日军的炮火更加猛烈，我军的弹药消耗殆尽。四连的战士一个个倒下了，接近黄昏时，全连只剩下20多人。而敌人的步兵、骑兵又一次向四连阵地压上来。

关键的时候到了。

连长白思才命令：所有轻伤战士，除了步枪与刺刀外，集中全部子弹供重机枪使用；步枪卸下枪栓，装上刺刀，准备与日军展开肉搏战。指导员李云鹏大喊一声："与鬼子拼了！"跃出战壕，向鬼子冲去。四连的战士全部跃出战壕，和敌人进行最后的搏斗！

刺刀捅弯了，就用枪托砸；枪托砸碎了，就用铁锹砍；铁锹砍卷了，就用牙齿咬。勇士们面对不断涌来的敌人，没一个人退缩，没一个人投降，终因敌众我寡，全连82人全部壮烈牺牲。他们以极其顽强的斗志和勇于牺牲的精神，以少战多，以弱抗强，毙敌170余人、伤敌200余人，成功阻击日伪军12小时，为我党政机关、人民群众和主力部队的安全转移争取了时间。

战斗结束后，时任淮阴县委书记李广涛、张集区委书记周文科、联防队队长周文忠带着当地民兵进入阵地收殓烈士的遗体。他们看到四连战士牺牲的姿态极为惨烈：有的怒目圆睁，有的双手狠狠掐住敌人的脖子，有的紧紧咬住敌人的耳朵……就在周文忠搬开烈士遗体时，突然听见一声微弱的呻吟，他发现一名小战士竟然还活着。小战士身上有几处枪伤，多处刀伤，腿已被炸断。尽管他伤势很重，还是断断续续讲述了这场战斗的片断，还原了战斗的真实面貌，只是可惜，在第二天早上送往军分区医院的路上，小战士因为伤势过重永远闭上了双眼。

刘老庄82烈士的英雄事迹，受到了八路军总部和新四军军部的高度赞扬。朱德总司令在《八路军新四军的英雄主义》一文中，赞扬这场战斗是"我军指战员的英雄主义的最高表现"。新四军代军长陈毅盛赞82壮士浴血刘老庄，是"惊天地而泣鬼神的壮举"，他还在《新四军在华中》一文中写道："烈士们殉国牺牲之忠勇精神，固可以垂式范而励来兹。"

战斗过后，四连的英雄壮举深深感动了当地的人民群众，他们把82位烈士视为民族英雄举行了公葬，大家自愿把子弟送去这个连当兵。所以，新四军仅仅用3天的时间就组建了新四连，并将该连命名为"刘老庄连"。自此以后，刘老庄便形成一个传统，每年都向“刘老庄连”输送新兵，通过这种简单而永恒的坚守，传承“刘老庄连”的血脉。

★重新组建后的刘老庄连连旗

新中国成立后，党和国家始终没有忘记刘老庄 82 烈士。1955 年，当地政府重新修建八十二烈士陵园，1984 年又建起纪念碑。2000 年建成八十二烈士纪念馆，2010 年进行了改扩建，并于 2013 年 3 月 18 日刘老庄战斗 70 周年纪念日之际对外开放。2014 年 9 月初，国务院公布了第一批 80 处国家级抗战纪念设施、遗址名录，其中就有刘老庄八十二烈士陵园。

2009 年 9 月，中宣部、中组部和解放军总政治部等 9 个部门，联合组织开展评选“100 位为新中国成立作出突出贡献的英雄模范人物”活动，“刘老庄连”是唯一以连队身份入选的英雄模范人物。中共中央总书记、国家主席、中央军委主席习近平多次讲到，“刘老庄连”等众多英雄群体，是中国人民不畏强暴、以身殉国的杰出代表。他们用生命诠释了一往无前的英雄气概，赢得了党的信任、人民的赞誉，也赢得了世界的尊敬。

（**撰稿：**江苏财经职业技术学院　邹瑄　史琪　杜沈悦）

感悟与思考

有人说:“共产党的胜利是无数共产党人的鲜血和生命换来的。”亲爱的同学，在炮火连天、弹雨遍地的战场上，共产党员们为什么能做到冲锋在前、不怕流血牺牲呢？

知识拓展

八路军

八路军是国民革命军第八路军的简称，是中国共产党直接领导的抗日武装力量，中国人民解放军的前身之一。

1937 年 8 月 22 日，根据国共两党达成的协议，国民政府军事委员会宣布，红军主力部队改编为国民革命军第八路军。8 月 25 日，中共中央军委发布命令，将中国工农红军第一、第二、第四方面军和西北红军改编为国民革命军第八路军，红军前敌总指挥部改为第八路军总指挥部，朱德任总指挥，彭德怀任副总指挥，叶剑英任参谋长；红军总政治部改为八路军政治部，任弼时任政治部主任；下辖第一一五师（师长林彪）、第一二〇师（师长贺龙）、第一二九师（师长刘伯承）和总部特务团。

1937 年 9 月 11 日，国民政府军事委员会下达命令：将八路军改称国民革命军第十八集团军，八路军总部改称第十八集团军总司令部，朱德任总司令，彭德怀任副总司令。但八路军的称呼仍被广大指战员和人民群众习惯性沿用下来。

新四军

新四军是国民革命军陆军新编第四军的简称，是由中国共产党直接领导的抗日武装，也是中国人民解放军的前身之一。

1937 年抗日战争爆发后，中国共产党与国民党达成协议，将江南八省的红军游击队改编为国民革命军陆军新编第四军，叶挺任军长，项英任副军长。

1941 年 1 月，皖南事变爆发，新四军军部及所属部队大部被俘、失散或牺牲，军长叶挺被扣，副军长项英遇害。国民政府宣布“将国民革命军新编第四军番号即予撤销”。

中国共产党对此针锋相对，宣布重建军部，任命陈毅为新四军代理军长，张云逸为副军长，刘少奇为政治委员。重建后的新四军深入华中敌后，建立抗日根据地，开展抗日游击战争，为抗战胜利作出了卓越贡献。

4 沂蒙六姐妹

2009年上映的红色电影《沂蒙六姐妹》用艺术的手法重现了革命战争时期“妇女能顶半边天”的故事，并获得当年的中国电影金鸡奖和华表奖，成为经典影视作品。

在革命战争时期，男子参军英勇战斗，保家卫国，女子主动承担支援部队的后勤工作，发挥了非常重要的作用，“沂蒙六姐妹”便是鲜活的例子。她们是来自蒙阴县烟庄村的六位支前女模范，分别是公方莲、张玉梅、伊廷珍、杨桂英、冀贞兰、伊淑英。

★“沂蒙六姐妹”（当时公方莲已去世）在纪念孟良崮战役胜利50周年时的合影

1947年5月，人民解放军在蒙阴县发起了孟良崮战役。在距离孟良崮30公里，有个仅有150户人家的村庄——烟庄。战役即将打响时，庄里干部和成年男子积极响应号召跟随部队上了前线，村里就剩下老人、妇女和孩子。但除了参加战斗，慰劳部队、筹措粮草、运输弹药、照料伤员等工作时间紧急、任务繁重，身为共产党员的六姐妹就自发组织全村的老弱妇孺，承担起拥军支前的重任。她们商定暂时由张玉梅当村长，尹廷珍当副村长，其他人分别担任文书、财粮员、公安员等职务，支撑起全村的工作和拥军支前的担子。

在孟良崮战役打得最激烈的时候，六姐妹接到了运送草料和弹药的任务。任务刚一下达，区里就发来紧急通知，要求她们村准备5000斤战马草料。六姐妹都是柔弱女子，伊淑英当时还怀有身孕，行动很是艰难，但她们没有丝毫犹豫，不敢耽搁一分钟，扛起大称，拿着账本，走家串户去动员。收够草料后又赶紧指挥村里的妇女们，用扁担和布袋把草料运送到指定地点。

刚完成向前方运送5000斤草料的任务，还没来得及喘息一下，六姐妹就接到第二个重要任务——两天内把5000斤粮食加工成煎饼送至前线。当时，全村的老弱妇孺，能够摊煎饼的不足70人，平均每人要在两天内把70多斤粮食磨成粉，再烙成煎饼，这是个多么艰巨的任务！六姐妹来不及多考虑，立即带领全村妇女、老人行动起来。她们顾不上吃饭、睡觉，顾不上照管家人，全身心投入烙制煎饼的工作之中。

为尽快完成任务，六姐妹中的张玉梅一天没吃一口饭，晕倒在鏊子（烙饼的器具，用铁做成，平面圆形，中心稍凸）边上，醒过来胡乱吃点东西、喝口水，又接着干活；公方莲由于劳累过度，烙煎饼时打瞌睡导致手被烫伤，但是她不停不歇，依旧坚持把煎饼烙完；有些体弱力衰的乡亲赶不上进度，六姐妹又主动帮忙分担任务。就这样，六姐妹在两天时间里共计烙了600多斤煎饼。她们不怕困难、敢干敢拼的精神感动和鼓舞了乡亲们，大家齐心协力，按时将5000斤粮食烙成煎饼，并及时送到了前线。

随着战役的进行，军区又下达了紧急任务——5天赶制245双军鞋。接到任务后，烟庄的妇女们毫无怨言，纷纷拿起针线。

手工做鞋可不是轻松的活：一只鞋底就要纳120行，一行要过30多针，每针都要经过锥眼、穿线、走线、拉紧等几道工序。为了完成任务，乡亲们不分白天黑夜地干起来，不停地搓麻线、缝鞋面、纳鞋底。姐妹们的胳膊和大腿磨起了泡、出了血，手指也变了形，但没有一个停下来。垫鞋底的布料不够，冀贞兰等人又带头将自己的裤褂拿出来当鞋料。就在大家赶制军鞋的同时，前线的伤员也接连不断运到烟庄村。六姐妹一边带领大家给伤员清洗包扎伤口、发慰劳品，一边继续赶制军鞋。经过乡亲们废寝忘食的艰苦劳作，六姐妹硬是带领全村老幼妇孺，在5天内做好了245双军鞋。

刚刚完成做军鞋的任务，六姐妹又接到了给前线运送弹药的任务。运送弹药路途遥远，一箱弹药重达一百多斤，还可能遇到危险，但她们毫不犹豫接下任务。六姐妹发动全村乡亲，两个人抬一箱，翻越20多公里崎岖山路，一直送到前方的炮兵阵地。

★“沂蒙六姐妹”纳鞋底做军鞋

除了做好后勤工作，六姐妹还利用空隙时间赶往前线做宣传，鼓舞士气。

正是由于六姐妹带领烟庄乡亲们和广大沂蒙人民一道，在后方没日没夜地支援前线，为我军提供了充足的后勤保障，使我军一举歼灭了号称国民党“五大主力之首”的整编第七十四师，取得了孟良崮战役的完全胜利，扭转了整个华东战局。

1947年6月10日，鲁中军区机关报《鲁中大众报》以《妇女支前拥军样样好》为题，报道了六姐妹这支支前模范群体。从此，“沂蒙六姐妹”的名字传遍整个沂蒙地区。

“沂蒙六姐妹”这一光荣称谓是由陈毅亲自命名的。1947年的一天，六姐妹接到通知，请她们去蒙阴野战军指挥部。在那里，陈毅亲切地询问她们这些日子烙了多少煎饼、做了多少军鞋、有什么困难。问完情况，陈毅笑着说：“给你们起个名字吧，说叫大嫂呢，你们还有没结婚的，叫大姐吧，还有结了婚的，干脆就起名叫‘沂蒙六姐妹’吧。”

从战火硝烟中走来的“沂蒙六姐妹”，一直没有停止爱党拥军的脚步，她们继续谱写为党、为国家作出新贡献的美丽篇章。

新中国成立后，六姐妹除了将自己的儿孙送往部队，还捐钱捐物慰劳子弟兵。1998年长江流域发生特大洪灾、2008年汶川地震，几位老人在生活并不宽裕的情况下纷纷捐款捐物，发动儿媳、孙女昼夜加工“千层底”，寄给战斗在救灾一线的人民子弟兵。时任中共中央政治局委员、国防部长迟浩田上将高度评价“沂蒙六姐妹”作出的突出贡献，为她们欣然题词“沂蒙六姐妹，拥军情永不忘”。

“沂蒙六姐妹”不是单单的六个人，更是代表了千千万万为国家、为沂蒙地区发展作出贡献的沂蒙女性。虽然她们年事已高，有的已离我们远去，但是奋勇支前、爱党爱军的伟大沂蒙精神依旧与我们同在。

（撰稿：临沂职业学院　刘夫楠）

感悟与思考

陈毅曾深情地说：“我就是躺在棺材里也忘不了沂蒙山人。他们用小米供养了革命，用小车把革命推过了长江！”亲爱的同学，你可知道，当年共产党是用什么“魔力”团结带领沂蒙山人大力支持革命的吗？今天的我们，是否也应该像“沂蒙六姐妹”那样主动担当，为党的事业克服一切困难作出自己的贡献呢？

知识拓展

孟良崮战役

孟良崮战役是解放战争时期，中国人民解放军华东野战军在陈毅、粟裕等指挥下，于 1947 年 5 月在山东省蒙阴县孟良崮地区对国民党军进行的进攻作战。华东野战军全歼国民党“王牌”军整编七十四师，粉碎了国民党对山东解放区的重点进攻，创造了我军在敌重兵集团密集并进的态势下，从战线中央割歼进攻主力的范例，沉重打击了国民党反动派的嚣张气焰，鼓舞了人民解放军的士气，使全国的军事、政治形势发生了重大变化，是解放战争由战略防御转为战略进攻的重要转折点，为刘邓大军挺进中原奠定了基础。

5 十人架起胜利桥

1948 年初冬，淮海大地，一场大战即将拉开帷幕。

人民解放军在取得济南战役的胜利之后，来不及休整，立即投入淮海战役。国民党近 70 万军队，妄图死守徐州，做垂死挣扎。

1948 年 11 月 6 日，淮海战役打响了。中国人民解放军华东野战军按照中央军委的部署大举南下，围歼国民党军黄百韬兵团。

11 月 7 日，黄百韬兵团沿运河东岸向徐州方向撤退，准备与徐州的国民党军汇合。华东野战军代司令员粟裕当即调整部署，下令所属各纵队全体官兵，不怕疲劳，不怕困难，敌人跑到哪里，坚决追到哪里，全歼黄百韬兵团。于是一场声势浩大的追击战，在江淮大地上展开了。

华东野战军九纵二十七师七十九团，奉命追击从新安镇南下担任黄百韬兵团左翼掩护任务的敌第六十三军。11 月 8 日夜，七十九团追赶到江苏省新沂县堰头镇西边时，被一条河流挡住了去路。团长命令：一营二连火速架设浮桥！

在运动战中架桥本来就是一件很艰难的事，而此时已是冬天，天气非常寒冷，还要冒着对岸敌人的机枪扫射，在冰冷刺骨的水中架桥，就更加艰难了。但英勇的解放军战士是任何困难也吓不倒的。

接到命令，尖兵二连连长命令一排三班火速在河上架设浮桥。一排副排长范学福、三班班长马选云立即找来了一些木板和两架梯子，迅速用绳索捆扎好，战士们再把捆扎好的两架木梯横在河面上，架起了一座没有桥墩的浮桥。

然而，河对岸的国民党军发现了我军的意图，猛烈向浮桥射击。本来就不稳固的浮桥在水面上飘荡着，根本无法保证部队快速通过。

此时，在河边等待过河的部队越来越多。时间紧迫，人多拥挤，为了不误战机，减少伤亡，副排长范学福紧急关头大喊一声："没有桥腿，我们当桥腿，跟我上！"说完，第一个跳进冰冷刺骨的河水中。班长马选云，副班长彭启榜，战士宋协国、杨玉艾、潘福全、杨学志、孙克潘、孙学赞、孙书贤纷纷跳入河水中，用自己的身躯当桥腿，用肩膀顶住梯子，架起了一座用血肉之躯支撑的人桥。

追击敌人的战士们火速上桥，向对岸冲去。

★解放军踏着十人桥前进

★十人桥烈士陵园

可是，由于岸边水浅，浮桥两头无法与河岸保持平坦，不少战士过桥时被绊倒了；河中间水深，肩膀够不着桥的高度，浮桥无法保持平衡，一些战士滑进了河里。范学福又大声喊道："两边放下高度，中间的用手顶起来，保证浮桥平稳！"架桥战士立即调整桥面高度，靠近岸边水浅的战士就一条腿跪在水里，一条腿支撑桥面；水深处的战士就双手用力把木梯举起，用尽全力保持浮桥的平稳。

攻击部队又飞速上桥。可是，桥身又突然一歪，四五个战士掉下河去。原来是十七八个全副武装的战士同时上桥，支撑浮桥的战士无法承受这么大的重量。这时，有人一声大喊："拉开距离过桥！"部队马上分散通过，桥又稳了起来。

正当大家要松一口气时，部队过桥的脚步又突然停了下来，原来是机枪连过来了。他们觉得机枪太沉，怕桥下的同志们顶不住，有人说："机枪连，蹚水过河。"桥头的孙书贤顿时急了，大声吼道："同志，快过吧！打仗还心软什么！"于是，机枪连踏上浮桥，飞速过桥。就这样，一个又一个连队踏上这座由 10 位勇士用身体支撑的浮桥，冲向对岸。

由于桥面狭窄，部队过桥速度快，一些战士在桥上滑倒了，架桥的勇士就用头将战友顶住，让他们迅速爬起来继续前进；有的战士踩到架桥勇士的脖子上，他们一声不吭，强忍着疼痛让战友们通过；有的战士从桥上跌进河里，扛着浮桥的勇士还腾出手来，用尽全力把战友从水中拉起。勇士们硬是咬紧牙关、挺直腰板，在冰冷刺骨的河水中，坚持把大部队全部度过河去，迅速投入围歼敌人的战斗之中。

（撰稿：吉安职业技术学院　王霞）

感悟与思考

在这个故事中，解放军排长范学福在紧急关头大喊一声：“没有桥腿，我们当桥腿，跟我上！”说完，第一个跳进冰冷刺骨的河水中。而国民党军官在战场上对士兵往往这样说：“弟兄们，给我上！”因此，人们说：“‘跟我上’和‘给我上’一字之差，这就是共产党胜，国民党败的原因。”亲爱的同学，你认可这个说法吗？

知识拓展

淮海战役

淮海战役是解放战争时期，中国人民解放军华东野战军、中原野战军，在以徐州为中心，东起江苏省海州（连云港），西迄河南省商丘，北至山东省临城（枣庄市薛城），南达淮河（安徽）的广大区域内，对国民党军进行的战略性进攻战役。

淮海战役1948年11月6日开始，1949年1月10日结束，历时66天。人民解放军在战场总兵力少于敌军的情况下，及时把握决战时机，精心选择主要突击方向，实行大规模运动战与大规模阵地战相结合，将敌军分割成几大块，逐步转移兵力，形成局部优势，分批予以歼灭，实现了中共中央军委关于在淮海地区歼灭国民党军刘峙这个主要战略集团的决心。淮海战役歼灭和争取起义、投诚国民党军5个兵团部、22个军部、56个师，共55.5万余人。人民解放军伤亡13万余人。

淮海战役是解放战争战略决战三大战役中起承前启后作用的第二大战役。淮海战役的胜利，使长江中下游以北广大地区获得解放，使国民党政府的政治中心南京和经济中心上海完全暴露在人民解放军攻击矛头之下，为解放军渡江作战创造了极为有利的条件。

6 毛泽东在西柏坡的几件小事

河北省西部山区太行山东麓、滹沱河北岸，有一个小山村名叫西柏坡。它西扼太行山，东临冀中平原，三面环山，一面临水，居于一片向阳的马蹄状山坳里，风光秀丽，水土肥沃。

1948年5月，中共中央从陕北移驻西柏坡，西柏坡成为党中央和毛主席进入北平、解放全中国的最后一个农村指挥所。在这里，留下了一串串革命领袖与老百姓之间鱼水情深的故事。

一双新布鞋

在西柏坡中共中央旧址毛泽东办公室的北墙上，悬挂着一张照片。照片上面，几间简陋的农家民房前，身材魁梧、衣着朴素的毛泽东，气定神闲地坐在一把躺椅上，旁边还放着一双崭新的布鞋和批阅过的文件。

这双崭新的布鞋是谁的呢？为什么放在毛主席身边呢？原来是刚到西柏坡给毛主席的小女儿李纳做保姆的韩桂馨为毛主席做的。

韩桂馨到了毛主席身边工作后，看到主席脚上穿的布鞋转战陕北一年多，补丁摞着补丁已不知补了多少次，实在是不能再穿了，就在工作之余悄悄做了一双布鞋。这天趁着主席批阅完文件，在院子里躺椅上休息时，赶紧拿出来请主席换上。

可是无论韩桂馨怎样劝说，毛主席就是不换。毛主席说："还能穿呢！小韩阿姨，艰苦朴素是我们党的优良传统，我不带头怎么能教育别人呢，你说是不是啊？"

韩桂馨不知怎么回答主席的话，只好把新布鞋放在了躺椅旁边。

这一感人的情景，正巧被来汇报工作的城工部工作人员童小鹏看到了，爱好摄影的童小鹏被主席艰苦朴素的精神所打动，立刻拿出相机，按下快门拍摄了下来，成了一张具有历史意义的照片。

谦虚的信函

辽沈、淮海、平津三大战役过后，中国迎来了解放的曙光。为建立有各民主党派参加的民主联合政府，中国共产党积极筹备新政治协商会议。为开好这次会议，毛泽东亲自向一些知名人士写信，体现了中国共产党人尊重民意、发扬民主的真诚意愿。

1948 年 5 月 1 日，毛泽东致信在香港的民革中央主席李济深和民盟负责人沈钧儒，信中十分谦逊地写道："弟已拟了一个草案，另件奉陈。以上诸点是否适当，敬请二兄详加考虑，予以指教。"

1949 年 1 月 20 日，毛泽东在给著名华侨领袖陈嘉庚的电函中写道："陈嘉庚先生：中国人民解放斗争日益接近胜利，需召开新的政治协商会议，建立民主联合政府，团结全国人民及海外侨胞力量，完成中国人民独立解放事业。为此亟待各民主党派及各界领袖共同商讨。先生南侨硕望，众望所归，谨请命驾北来，参加会议。肃电欢迎，并祈赐复。"

同日，在给著名旅美侨领、中国洪门致公党创始人司徒美堂先生的信中，毛泽东诚恳地说："至盼先生摒档公务早日回国，莅临解放区参加会议。"

而早在 1949 年 1 月 19 日，毛泽东就曾给住在上海的宋庆龄去过一封信，说："新的政治协商会议将在华北召开，中国人民革命历尽艰辛，中山先生遗志迄今始告实现，至祈先生命驾北来，参加此一人民历史伟大的事业，并对于如何建设新中国予以指导。" 6 月 19 日，毛泽东再次给在上海的宋庆龄写信，诚邀她北上参加新政协会议："庆龄先生：重庆违教，忽近四年。仰望之诚，与日俱积。兹者全国革命胜利在即，建设大计，亟待商筹，特派邓颖超同志趋前致候，专诚欢迎先生北上。敬希命驾莅平，以便就近请教，至祈勿却为盼！专此，敬颂大安！"

…………

毛泽东这一封封态度谦逊、情感至真的亲笔信，彰显出毛泽东的谦虚风范和旷达胸襟，更体现了中国共产党善于团结大多数、凝聚各方力量、建设真正民主政府的伟大决心。

救助病危娃

1948 年 5 月 26 日，毛主席乘吉普车，从晋察冀中央局驻地河北省阜平县城南庄，经灵寿县境回西柏坡。

当车子沿着崎岖的山道，行驶到两界峰下的大山沟时，毛主席突然看见路边的平缓处，躺着一个双眼紧闭的小孩，旁边坐着一个满脸泪痕、惊慌失措的妇女。

毛主席立刻喊“停车！”接着马上从车上跳下来，向孩子走去。毛泽东走到母女跟前，弯下腰来亲切询问：“老乡这是怎么啦？”

那妇女边哭边说，孩子的父亲去年秋后打石家庄参加了担架队，被国民党的炮弹炸死了。这几天孩子病了，她背着跑了 20 多里路请郎中看，说是没救了。今天背着孩子想到山那边的庙里烧香，求菩萨保佑孩子。

毛主席听完，立刻喊来随行的朱大夫问诊，经过询问发病过程及症状，朱大夫判断，孩子得的是流行性脑膜炎，死亡率很高，必须打盘尼西林针才能救活。

而当时盘尼西林奇缺，不到万不得已不舍得用。

毛主席看出了朱大夫的犹豫，马上坚决地说：“救人要紧，现在就是万不得已，请你马上给孩子打针！”

朱大夫立即为孩子打针，又从行军壶里倒了半茶缸水，慢慢给孩子灌进嘴里。大约过了半个时辰，孩子苏醒了，孩子的母亲双膝跪地，一个劲地磕头致谢。

随后毛主席安排朱大夫和一名警卫战士留下，送母女回家，继续观察治疗。他则继续赶往西柏坡。

（撰稿：石家庄职业技术学院　王宇）

感悟与思考

这里的三个小故事反映了毛泽东三个方面的做事原则：对自己要求严格，对社会贤达充分尊重，对普通百姓关怀备至。亲爱的同学，你看了毛泽东的这些小故事有什么感想呢？

知识拓展

西 柏 坡

西柏坡位于河北省石家庄市平山县中部。1948 年 4 月，毛泽东和中共中央从陕北来到西柏坡，并在此指挥了震惊中外的辽沈、淮海、平津三大战役，召开了具有伟大历史意义的七届二中全会和全国土地会议，是毛泽东和中共中央进入北平解放全中国的最后一个农村指挥所，故有“新中国从这里走来”“中国命运定于此村”的美誉。

西柏坡是国家重点文物保护单位，AAAAA 级景区，目前对外开放的有毛泽东、朱德、刘少奇、周恩来、任弼时、董必武的旧居，军委作战室、中国共产党七届二中全会会址，九月会议会址，中共中央接见苏共中央和上海人民和平代表团代表旧址，防空洞和中央机关小学旧址等。1982 年 3 月，国务院公布西柏坡中共中央旧址为全国重点文物保护单位。

第十章 走向天安门

经过 28 年的浴血奋斗，中国共产党消灭了国民党反动派的基本力量，取得了中国革命的决定性胜利。1949 年 3 月 25 日，中共中央进驻北平。

从西柏坡出发时，毛泽东对周恩来说，今天是进京的日子，进京“赶考”去。周恩来说，我们应当都能考试及格，不要退回来。毛泽东说，退回来就失败了，我们决不当李自成，我们都希望考个好成绩。

进入北平后，毛泽东等共产党人“谦虚谨慎，戒骄戒躁”，一方面“宜将剩勇追穷寇”，继续完成伟大的人民解放战争；一方面积极联络四方力量，广泛接触民主人士和各界群众，召开新政协会议，筹备新中国开国大典。

1949 年 10 月 1 日，中国人民终于迎来了一个新的时代。以毛泽东为代表的中国共产党人，从上海的石库门出发，从浙江嘉兴南湖的游船起航，历经千难万险，跨越千山万水，牺牲了无数优秀的同志，战胜了无以言说的艰难险阻，终于登上了北京天安门。从此，中国人民站起来了！中华民族站起来了！

让我们记住这些感人的故事。

❶ 进京“赶考”

1949 年初，平津战役胜利结束，北平和平解放。

全国胜利在即，钻了几十年山沟的共产党要进城了，毛泽东既高兴，又担心。在党的七届二中全会上，毛泽东就进城后可能出现的问题严肃地说：“可能有这样一些共产党人，他们是不曾被拿枪的敌人征服过的，他们在这些敌人面前不愧英雄的称号；但是经不起人们用糖衣裹着的炮弹的攻击，他们在糖弹面前要打败仗。”因此，毛泽东向全党提出了一个很严肃的问题：在胜利面前，要防止党内的骄傲情绪，以功臣自居的情绪，停顿起来不求进步的情绪，贪图享受不愿再过艰苦生活的情绪。

3 月 23 日，中共中央和军委总部机关，从西柏坡这个小山村出发，迁往北平。村边的大路旁，整齐排列着 11 辆吉普车和 10 辆大卡车，司机和保卫人员在旁边整装待命。

毛泽东身上穿的还是那套旧棉衣。收拾停当，他点燃了一支烟，深深地吸了一口，目光久久地凝视着伴他度过了三百多个日夜的农家小屋。在这里，他调动千军万马，指挥了辽沈、平津、淮海三大战役，在世界上最小的指挥

★当年的西柏坡全景

部里指挥了最大的人民解放战争。

就要走了，就要离开这土屋，离开这小院了，毛泽东环顾这熟悉的一切，心中充满了眷恋。上午 11 时许，毛泽东、朱德、刘少奇、周恩来、任弼时等领导人在工作人员的陪同下，陆续向吉普车队走来。

毛泽东与周恩来边走边谈。周恩来说：“主席，昨晚你睡得很晚，休息好了吗？”

毛泽东高兴地说：“休息好了。今天是进京的日子，不睡觉也高兴啊！”毛泽东笑了笑，转而提高了语调，“进京‘赶考’去，精神不好怎么行啊！”

周恩来说：“我们应当都能考试及格，不要退回来。”

“退回来就失败了。我们决不当李自成！”毛泽东一脚踏上汽车踏板，手臂用力一挥，斩钉截铁，一步登上了汽车。

浩浩荡荡的车队沿着山间公路向东北方向开进。车窗外，村庄、树木飞快地向后闪去，毛泽东脸上洋溢着高兴的神情。他转过脸来，望着身边的卫士，打开了话匣子：“进北平以后干什么，你们想过没有啊？有没有进城享福的思想啊？”

“进城以后，少出门，防止出车祸。”警卫员答道。

“不对，应当多见世面，这样才能长知识。”毛泽东否定了战士的回答。

一位小战士说：“进城以后，大概不吃小米饭了吧。我吃小米饭实在吃伤了，看到小米饭就饱了。”

“啊哟，可不要轻视小米饭喽！中国革命就是靠小米加步枪起家的。进城以后，人民政权刚刚建立，肯定还会遇到很多困难，还要准备过艰苦的生活。”说到这里，毛泽东随手指了指太阳穴，“这里要当心哟，不要中了资产阶级的糖衣炮弹。”

3 月 24 日，车队到达保定。保定是河北省委所在地。汽车开到保定城西门外广场时，毛泽东嘱咐司机：“开慢一点，等等恩来他们。”汽车便慢慢开了一会儿，后边的车都跟上来了。这样，十几辆汽车，一起往保定西门外省委机关大院开去。因为车辆多，目标大，许多老百姓便朝着汽车跑来。有人边跑边说：“嘿，快看！哪来的这么多小汽车呀？”有人说：“这么多的小汽车，里头肯定是当大官的。”

由于刚刚解放，为了安全起见，卫士长阎长林便对司机说：“开快点，不然老百姓会把车子围住的。”

不料毛泽东却完全不这样想，他阻止道：“不要开快了，应该慢点开。你们看，这里人很多，开快车要出事的。万一伤着老百姓，那就不好了。他们想看就让他们看看嘛！因为他们知道，这是自己人坐的汽车嘛！如果这里开来的是日本人坐的汽车或国民党坐的汽车，老百姓不但不看，恐怕还会远远躲开的。”说完，毛泽东往窗外探出头，还不断地向群众招手致意。

进京“赶考”的最后一站是涿县，这里是东汉末年刘备、关羽和张飞“桃园三结义”的地方。3 月 24 日夜宿涿县时，毛泽东饶有兴趣地和卫士们讲起《三国演义》中的刘备，并语重心长地告诫大家：“历史上的教训应当注意呢！我们进了北平，绝不做李自成，将来也绝不可以学刘备。干革命绝不可以感情用事，无论做什么工作，只要是为了党的事业和人民的事业，我们每个同志都可以牺牲自己的生命；但如果是为了个人的私利和亲戚朋友、为了自己的小家庭和老战友、老同学以及小团体的私利，我们每个人是万万不可以感情用事的。”

中共中央进驻北平是件大事，很多人觉得应该举行一场盛大的入城仪式。在涿县，当叶剑英把这个想法汇报给毛泽东时，毛泽东认为没有必要：“我们进城，千万不要惊动老百姓，声势不要搞得太大。我们进北平，不用宣传全世界都知道，不必花银子搞仪式。”

从西柏坡出发时，毛泽东提出“我们决不当李自成”。到涿县时，毛泽东又提出我们“绝不可学刘备”，并拒绝搞盛大入城式，就是让大家认真汲取历史上的教训，艰苦朴素，不忘初心，保持党同人民群众的血肉联系，保持党的旺盛生命力。

3 月 25 日凌晨两点半，“赶考”车队离开涿县，乘火车进京。由此，中国共产党进入了一个全新的大“考场”，开始全国执政的大“考试”！

（**撰稿**：吉安职业技术学院　黄森文）

感悟与思考

1.1949 年 3 月 23 日，中共中央和中央军委机关移驻北平，毛泽东说：“我们决不当李自成！”亲爱的同学，请你结合历史知识想一想，这句话的深刻含义是什么？

2. 中共中央进驻北平是件大事，很多人觉得应该举行一场盛大的入城仪式。毛泽东说：“我们进北平，不用宣传全世界都知道，不必花银子搞仪式。”这体现了毛泽东的什么情怀？我们今天应该怎么理解其中的意义？

知识拓展

李自成

李自成（1606—1645），陕西米脂人，明末农民起义领袖。1629 年他杀官起义，1633 年投奔闯王高迎祥，因勇猛有识略，成为高迎祥部下闯将。高迎祥战死，他继称闯王。

当时中原灾荒严重，社会矛盾极度尖锐，李自成提出“均田免赋”等口号，得到广大人民的热烈欢迎。1643 年在襄阳称新顺王，次年正月，建立大顺政权，年号永昌。不久攻克北京，推翻明王朝。

李自成武艺精湛、指挥有方、治军甚严。他不好色，不饮酒，不贪财，起义军攻入京城时，他依旧是行军装束。但进驻京城后，他被胜利冲昏头脑，听不进良言，乱政轻敌，军纪涣散，以致起义军首领生活腐化，宗派内耗日增，结果，被吴三桂联合清军赶出北京，创立的大顺政权仅存 40 余天就以悲剧收场，最后兵败身死。

❷ 走向天安门

1949年10月1日，首都北京30万军民在天安门广场集会，隆重举行开国大典。毛泽东庄严宣告："中华人民共和国中央人民政府今天成立了。"中华人民共和国的成立，揭开了中国历史新的篇章。

1949年3月，毛泽东进入北平后，住在香山双清别墅。这是一栋中西合璧的房子，林木阴翳，郁郁葱葱。在这里，毛泽东一边指挥百万雄师横渡长江，一边筹划开国大典。他经常在别墅接见各民主党派负责人和各界代表。毛泽东对这些民主人士很尊敬，也十分亲切有礼。一听说哪位老先生到了，马上出门到汽车跟前迎接，亲自搀扶下车、上台阶。有一天，毛泽东准备会见张澜先生，他吩咐卫士长李银桥说："张澜先生为中国人民的解放事业作了不少贡献，在民主人士中享有很高威望，我们要尊敬老先生，你帮我找件好些的衣服换换。"李银桥在毛泽东的"存货"里翻了又翻，选了又选，竟挑不出一件没有补丁的衣服，心里很不是滋味地对毛泽东说："主席，咱们真是穷秀才进京赶考，一件好衣服都没有。"毛泽东说："历来纨绔子弟考不出好成绩，安贫者能成事，嚼得菜根百事可做。我们会考出好成绩！张澜先生是贤达之士，不会怪我们的。"就这样，毛泽东穿着打补丁的衣服，会见了张澜和许多民主人士。

马上要举行举世瞩目的开国大典了，毛泽东仍是穿着一身陈旧的灰布衣服。朱德在常委会上提出，给毛泽东等领导同志添置衣服的问题，理由是新中国的领导人穿得破破烂烂，影响国家形象。因此，中央决定，为每位领导同志制作一套新衣服。

生活秘书叶子龙给毛泽东送来了黄色的美国将校呢布料，经王府井雷蒙服装店王子清师傅精心剪裁，毛泽东主席终于有了一套合身的像样的礼服了。

10月1日下午1时半，在卫士的催促下，习惯晚上工作白天休息的毛泽东，提前穿好了那件专为参加开国大典缝制的礼服。2点，毛泽东步行到中南海勤政殿。朱德、刘少奇、周恩来、任弼时、张澜、李济深、宋庆龄等国家领导人也陆续到达。在这里，召开了中央人民政府委员会第一次会议，委员们宣布就职，并宣告中央人民政府于本日成立。会后，毛泽东等领导人在勤政殿门口分别登上汽车，出中南海东门，从故宫西华门向南，由中山公园后面进了故宫阙右门，到达天安门城楼的后面。

下车后，这些新中国的领导人，沿着城楼西头的古砖道楼梯，豪迈地向天安门城楼走去。在此之前，天安门西侧已经安装了一架摇摇晃晃的土电梯，但大家没有乘坐电梯，他们要用自己的脚板登上天安门城楼。

通往天安门城楼的古砖道有整整一百级台阶。毛泽东从容地走向城楼，他不时停下来，等等身后那些比他年迈、行动不如他灵便的领导人。

跟随在毛泽东身边的秘书叶子龙，细心地打量着正在登上城楼的这位伟人。他突然注意到，别在毛泽东崭新礼服上的烫金红绸条不见了！这红绸条可是登上天安门城楼的代表证呀，其重要性相当于“特别通行证”，上面分别印有佩戴者的姓名。毛泽东主席与其他六名副主席的代表证是“特制”的，红绸条与别的代表一样，但上面的字是用金粉印上去的。六位副主席的胸前都好端端地别着红绸条，其他代表也都工工整整地佩戴着红绸条，只有毛主席胸前空空如也。

叶子龙知道，今天这个重大场合有苏联的摄影师来拍照，他们拍的照片是彩色的，毛主席是他们聚焦的核心人物，黄呢子礼服上没有别这个红绸条，一定是十分扎眼的。这不能不说是个巨大的缺憾，而且这个缺憾不仅属于今天，还会留给明天。

想到这里，叶子龙火速找到负责中南海会场布置的科长钟灵，要他以最快的速度再特制一个专供主席使用的代表证出来，并在领导们走完剩下的这几十级台阶的时间里给毛主席戴上。

钟灵接受这个十万火急的命令后顾不得多想，跳上一辆吉普车，指挥司机朝中南海的工作室疾驰而去。钟灵屏声敛息，很快在一张红绸条上写下“主席”两个仿宋字，接着，飞快地喷上金粉。他等不及墨迹风干，急忙跑出屋子，跳上车就往回赶。幸好，毛主席还没登上天安门城楼。钟灵立即将红绸条交给叶子龙，叶子龙当即上前帮毛主席将红绸条别在左胸口袋上方。别好红绸条的毛泽东领着其他领导人继续向上登攀。

下午 3 时整，身穿合体挺括的黄礼服，左胸前佩戴着印有“主席”二字红绸条的毛泽东，阔步走到麦克风前，庄严宣布中华人民共和国中央人民政府成立，宣读《中华人民共和国中央人民政府公告》。

一个新的时代开始了。

（**撰稿：**北京市商业学校　帖译帆）

感悟与思考

毛泽东说："历来纨绔子弟考不出好成绩，安贫者能成事，嚼得菜根百事可做。"亲爱的同学，请你结合自己的知识和阅历，想想这句话的深刻含义。

知识拓展

开国大典

1949年6月，中国人民政治协商会议筹备会议决定，10月1日在北平天安门广场举行开国大典。

10月1日下午3时，北京首都30万军民齐聚广场。刚刚就职的中华人民共和国中央人民政府主席毛泽东和中国人民解放军总司令朱德等领导人登上天安门城楼。中央人民政府委员会秘书长林伯渠宣布仪式开始，在代国歌《义勇军进行曲》的乐曲声中，中央人民政府主席、副主席和委员就位。毛泽东庄严宣布："中华人民共和国中央人民政府今天成立了！"毛泽东亲手按动电钮，第一面五星红旗在天安门广场冉冉升起。同时，54门礼炮齐鸣28响，象征党领导人民奋斗28年的历程。升旗之后，毛泽东宣读了《中华人民共和国中央人民政府公告》，紧接着举行了盛大的阅兵式和群众游行。庆祝活动到当天晚上9点多结束。

开国大典是中华人民共和国成立的标志。

❸ 毛泽东的“答卷”

1949 年 3 月 25 日，56 岁的毛泽东怀着进京“赶考”的心情，带领中共中央和中央军委进驻北平城。成了全党、全军和全国人民领袖的毛泽东，不仅要求共产党的干部要考出好成绩，而且以身作则，书写了一份经得起历史和人民检验的答卷。

要靠自己的本事吃饭

“许多人要求介绍工作，不能办，人们会说话的。”在湖南韶山毛泽东遗物展的展柜里，一张浅蓝色的名单字迹已有些模糊，但名单上毛泽东的这一行批示依然清晰。

毛泽东的少年时代，外婆家成了他的乐园。这里不仅有外公外婆等长辈的疼爱，而且几位表兄弟与他意气相投。尤其是年长 9 岁的大表兄文运昌对他更是特别关爱。文运昌经常把家里的藏书给毛泽东阅读，还向他介绍湘乡县东山高等学堂。在文运昌的鼓励和帮助下，毛泽东终于冲破了父亲要他辍学去米店当学徒的阻力，到东山学堂读书，文运昌还为他办好了入学手续，而且主动做他的入学担保人。可以说，没有文运昌的帮助，也许就没有后来的毛泽东。

1950 年，毛泽东已经是新中国的最高领导人。文运昌来到北京，底气十足地给接待他的主席秘书田家英开了一个 15 人的名单，要求毛泽东为文家亲戚安排工作或保送入学。毛泽东看了名单，眉头一皱，在名单上作了上述批示，毫不犹豫地拒绝了他的请求。这短短的一行字也许有些不近人情，却尽显一位人民领袖对人民话语权、评判权的敬畏与尊重。

杨开智是毛泽东爱妻杨开慧的胞兄，毕业于国立北京农业专门学校（中国农业大学的前身），长期在湖南省农业茶业部门工作。长沙和平解放不久，杨开智就给毛泽东写信，想到北京谋职。毛泽东回信说：“不要有任何奢望，不要来京。”杨开智又给外甥毛岸英写信，想在长沙“谋一厅长职位”。深刻理解父亲初心的毛岸英给舅舅杨开智回了一封长信，其中写道：“新的时代，这种一步登高的‘做官’思想已是极端落后了，而尤以通过我父亲即能‘上任’，更是要不得的想法。新中国之所以不同于旧中国，共产党之所以不同于国民党，毛泽东之所以不同于蒋介石，毛泽东的子女妻舅之所以不同于蒋介石的子女妻舅，除了其他更基本的原因之外，正在于此。皇亲贵戚仗势发财，少数人统治多数人的时代已经一去不复返了。靠自己的劳动和才能吃饭的时代已经来临了。”

在对待子女的问题上，毛泽东严肃地指出，党的高级干部子弟的教育不仅是家事，更是国事。他批评有些高级干部的子女是生于深宫之中和妇人之手的“汉献帝”，娇生惯养，吃不得苦，如果他们不能人格独立、生活独立，就会逐渐走向官僚化和贵族化，损害党的事业。他以身作则，时刻要求自己的孩子们“做一个普通的人，不要把我挂在你们的嘴边上去唬人”。

“不要因为是我的儿子，就特殊对待”

1950年6月25日，朝鲜战争爆发。为了抗击侵略、保家卫国，中国人民志愿军毅然跨过鸭绿江，与全世界最强大的军队——美军作战。

10月7日，中国人民志愿军入朝前夕，新婚不久的毛岸英主动请缨入朝参战。当时，许多人都劝毛泽东加以阻止，毛泽东却回答：“谁叫他是毛泽东的儿子？！他不去谁还去？！”

10月19日，毛岸英随中国人民志愿军司令部入朝，担任志愿军司令部俄语翻译和秘书。

1950年11月，抗美援朝第二次战役开始。美军侦测到朝鲜平安北道大榆洞发报频繁，认为这里有志愿军的重要机关，于是派出飞机前往轰炸。11月25日，美军4架野马式战斗轰炸机突然飞临朝鲜平安北道大榆洞志愿军司令部上空，投下了几十枚凝固汽油弹。在作战室紧张工作的毛岸英不幸壮烈牺牲，年仅28岁。

“无情未必真豪杰，怜子如何不丈夫。”毛泽东得知消息后，强忍丧子之痛，缓缓地说：“打仗总是要死人的。志愿军已经献出了那么多指战员的生命，

★毛岸英墓（位于朝鲜平安南道桧仓郡中国人民志愿军烈士陵园内）

他们的牺牲是光荣的。岸英是一个普通战士，不要因为是我的儿子，就当成一件大事。”

后来，在与老友周世钊谈及此事时，毛泽东说：“要打仗，我要有人，派谁去呢？我作为党中央的主席，作为一个领导人，自己有儿子，不派他去抗美援朝，又派谁的儿子去呢？人心都是肉长的，不管是谁，疼爱儿子的心都是一样。如果我不派我的儿子去，而别人又人人都像我一样，自己有儿子也不派他去上战场，先派别人的儿子去上前线打仗，这还算是什么领导人呢？”

毛岸英牺牲后，志愿军总部就安葬毛岸英一事给中央军委发来请示，军委总干部部起草了复电，要求将岸英的遗骨运回祖国，破格在北京安葬。时任中国人民志愿军司令员兼政治委员的彭德怀从大局考虑，认为毛岸英应该和牺牲的所有志愿军烈士埋在一起。毛泽东采纳了彭德怀的建议，说：“老彭说得对，哪个战士的血肉之躯不是人生父母养的，不能因为我是党和国家的主席，就给儿子搞特殊啊！”毛泽东在文件上慨然批示：“同意德怀同志的意见，把岸英的遗骨和成千上万的志愿军烈士一样，掩埋在朝鲜的土地上，也不要为他举行特殊的葬礼。”

后来，毛岸英的妻子刘思齐、毛岸青的妻子邵华提出“迎岸英回家”的请求，毛泽东沉默良久，引用东汉初期著名将军马援的话说：“‘青山处处埋忠骨，何须马革裹尸还！’不是有千千万万志愿军烈士安葬在朝鲜吗？岸英也应该埋在朝鲜。”

就这样，毛岸英与千千万万牺牲在朝鲜的志愿军烈士一样，长眠在他战斗过，并用鲜血浸染过的朝鲜大地上，与青山同在。

（撰稿：吉安职业技术学院　曾洁芸）

感悟与思考

毛泽东对自己的孩子要求极严，他曾语重心长地说，要靠自己的本事吃饭。亲爱的同学，你的家长或老师对你严格要求你能理解和接受吗？读了这几则故事，你有什么感想呢？

知识拓展

抗美援朝

1950年6月25日，朝鲜内战爆发。6月27日，美国总统杜鲁门宣布出兵朝鲜，并命令美国海军第七舰队侵入台湾海峡。同日，联合国安理会在美、英等国的操纵下通过决议，成立由美国指挥的“统一司令部”，使用联合国旗号，组织“联合国军”开入朝鲜半岛作战。9月15日，“联合国军”在朝鲜仁川登陆。10月1日越过“三八线”，19日占领平壤。10月8日，朝鲜政府请求中国出兵援助。10月19日，中国人民志愿军跨过鸭绿江，英勇抗击美军入侵。1953年7月27日，美国被迫在朝鲜停战协定上签字，历时三年的抗美援朝战争宣告结束。

抗美援朝战争最终以中国和朝鲜人民取得伟大胜利而结束，沉重打击了以美国为首的西方帝国主义阵营的嚣张气焰，保卫了朝鲜的独立和我国的安全，维护了远东与世界的和平，极大增强了全国人民的民族自信心和自豪感，提高了我国的国际威望，为我国的经济建设赢得了一个较长时间相对稳定的和平环境。

第十一章 建设新中国

在中国共产党的领导下，经过中国人民的巨大牺牲，1949 年 10 月，终于建立了中华人民共和国。

但是，新中国是在旧中国长期战乱、西方列强长期侵略的基础上建立起来的。由于帝国主义、封建主义和官僚资本主义的长期剥削和压迫，以及长期的战争破坏，新中国初期工业基础极其薄弱，生产力水平极低，甚至连铁钉和火柴这样的低端工业品都要依赖进口；农业生产处于极其落后状态，没有农业技术和水利设施，农民“放下禾镰没饭吃”。再加上以美国为首的帝国主义经济封锁，国家处于十分贫穷和落后的状态。

为了迅速改变这种局面，从 1950 年开始，党和政府制定了一系列的方针政策，发展生产，恢复国民经济。全国人民自力更生，艰苦奋斗，“勒紧裤带干革命”，投入火热的社会主义建设之中。

这里选取了当年新中国部分建设者的感人故事。

❶ 即使有生命危险也要回国

1935 年 8 月的一天，天高云淡。

黄浦江边的一艘美国轮船拉响了长长的汽笛声，钱学森怀着学好科学、报效国家的美好愿望离开祖国，驶向大洋彼岸。望着黄浦江浊浪翻滚，望着渐渐模糊的上海城，钱学森在心中默默地说：“再见了，亲爱的祖国。我要到美国学习科学技术，他日归来为您的复兴贡献一份力量。”

★在美国留学时的钱学森

钱学森祖籍浙江杭州，1911 年 12 月 11 日出生于上海。小时候，他立志效法詹天佑，准备对中国的铁路工程作出贡献。1929 年中学毕业，受孙中山先生《建国方略》的感召，他考入国立交通大学机械工程学院铁道工程系，立志要实践孙中山先生的宏伟蓝图。1934 年考取清华大学第七期庚款留美学生。

到达美国后，钱学森进入麻省理工学院航空系学习。优渥的学习条件，难得的学习机会，学成归国报效国家的强烈使命感，促使钱学森刻苦学习，他的成绩一直名列前茅。但学工程要到工厂去实践，钱学森遭到美国航空工厂的歧视，迫使他一年后把专业转向航空工程理论应用力学方向。

那时，加州理工学院有一位大名鼎鼎的空气动力学教授冯·卡门。钱学森想，落后的祖国特别需要发展航空工业，于是，1936 年 10 月他转学到加州理工学院航空系。冯·卡门是这一领域的顶尖人物。他仔细打量这位仪表庄重、个子不高的年轻人，提出几个问题。钱学森稍加思索，便异常准确地回答了出来。冯·卡门暗自赞许这个中国人思维敏捷又富于智慧，高兴地收下了这位态度诚恳、学习刻苦的学生。钱学森成为冯·卡门领导的古根海姆航空实验室的一名研究生。这个实验室后来成为美国火箭技术的摇篮，钱学森是在这里进行火箭技术研究最早的三名成员之一。1939 年在美国加州理工学院航空与数学系学习，获博士学位。先后参与火箭、风洞、喷气、空气动力学等项研究。1947 年初，36 岁的钱学森成为麻省理工学院最年轻的正教授，领导美国太空火箭研究。此时，钱学森已经是美国屈指可数的杰出人才，在美国的事业和生活一路顺风。

1949 年 10 月 1 日，中华人民共和国成立了。当第一面五星红旗在天安门广场徐徐升起，时任加州理工学院超音速实验室主任和古根海姆喷气推进研究中心负责人的钱学森为祖国的新生而激动万分。他萌发了一个强烈的愿望：早日回归祖国，用自己的专长为国家建设服务。但那时美国对中国采取敌视态度，并且钱学森的专长直接与美国国防有关。因此，他要回国十分不易。

1950 年 6 月，美国入侵朝鲜，并掀起了一股驱使外国雇员效忠美国政府的逆流，这股逆流也波及加州理工学院。当时，加州理工学院马列主义小组书记怀因包姆被捕，美国联邦调查局怀疑怀因包姆与钱学森有联系，立即取消了钱学森参加机密研究的资格，并指控钱学森是美国共产党党员，非法入境。这些无端指控均被钱学森一一驳回。钱学森无法忍受这一切，他决定以探亲为由立即返回祖国。他会见主管他研究工作的美国海军次长金布尔，严正声明："我宁愿回中国老家去，也不愿在受人怀疑的情况下继续留居美国！"金布尔听后大为震惊。他认为钱学森无论放在哪里都抵得上五个师，还对美国国防部官员说："我宁可把这家伙枪毙了，也决不让他离开美国！"所以，当钱学森一走出他的办公室，金布尔马上通知移民局阻止钱学森回国。

毫不知情的钱学森作好了回国的一切准备。他办好回国手续，买好了从加拿大飞往香港的机票，把行李交给搬运公司托运。然而，1950 年 8 月 23 日午夜，他突然收到美国移民局的通知，不准离开美国！同时，美国海关扣留了钱学森的全部行李，联邦调查局派人监视他全家的所有行动。9 月 9 日，钱学森突然遭到美国联邦调查局的非法拘留。在拘留所，钱学森像罪犯一样受到种种折磨，每天晚上，特工每隔 10 分钟便跑进室内开亮一次电灯，使他完全得不到休息，精神陷入极度紧张状态。在被拘禁的 15 天内，钱学森体重减轻了 30 磅（每磅约 0.9 公斤）。

钱学森被无端拘留后，冯·卡门等加州理工学院师生以及一些友好人士向美国移民局提出强烈抗议，为他找辩护律师，还募集 1.5 万美元把钱学森保释出来。出拘留所后，钱学森依然处处受到移民局的限制和联邦调查局特工的监视，不许离开居所，还须接受定期上门查问。这种失去自由的时间达 5 年之久。

然而，钱学森热爱祖国的赤子之心不仅没有改变，反而更加强烈。他不断地向美国移民局提出回国的要求，同时并没有停止科研事业。美国政府阻止他离开的理由之一，是因为他研究的火箭技术与国防有关，钱学森就另行选择“工程控制论”作为研究方向，以利于消除回国的障碍。实际上，工程控制论与生产自动化、电子计算机的研制和运用等国防建设课题密切相关，只不过当时美国当局没有认识到罢了。

钱学森在美国受到迫害的消息震惊了国内，国内科学界通过各种途径声援钱学森；中国政府发表声明，谴责美国政府监禁钱学森。

1954 年 4 月 26 日，讨论朝鲜和印度支那问题的国际会议在日内瓦举行，中国代表团秘书长王炳南与美国代表团负责人约翰逊开始就平民回国问题进行接触。王炳南特别指出，美国正在阻挠许多旅居美国的中国人返回中国，其中包括科学家钱学森。中国代表团团长周恩来要求美国政府归还扣留的中国侨民和留学生，美国政府只得同意与中国代表进行直接谈判。

6 月 5 日，中国外交部副部长王炳南与美国副国务卿约翰逊就两国侨民问题进行商谈，要求美国停止扣留钱学森等中国留美人员，被美方无理拒绝。7 月 22 日起，中国和美国在日内瓦进行领事级会谈，为表达会谈诚意，中国决定先释放四名被扣押的美国飞行员，以争取钱学森等尽快回国。可是美国人却又一次耍赖，美国代表约翰逊以中国拿不出钱学森要求回国的真实证据为由，不肯答应释放钱学森回国。

正当周恩来总理为此焦急万分时，时任全国人大常委会副委员长陈叔通收到一封辗转寄来的署名“钱学森”的信。原来钱学森为了摆脱美国特工的监视，把信写在了一张香烟纸上，夹在寄给比利时亲戚的家书中，辗转寄给了陈叔通。信中钱学森请求祖国帮助他回国。周恩来阅后大喜：“这真是太好了，据此完全可以驳倒美国政府的谎言！”他当即作出周密部署，并指示：“这是一个铁证，美国当局至今仍在阻挠中国平民归国。你要在谈判中，用这封信揭穿他们的谎言。”

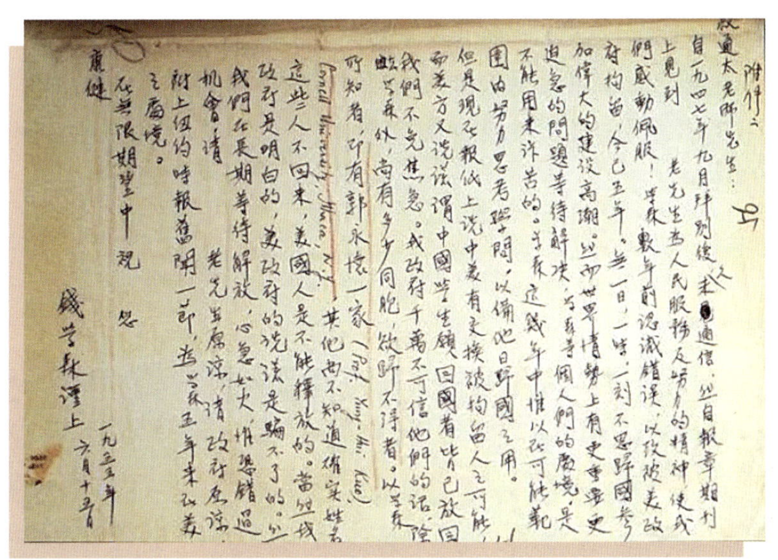
附件之

叔通太老师先生：

自一九四七年九月拜别后，未通信，然自报章期刊上见到老先生为人民服务及努力的精神，使我们感动佩服！学森数年前认识错误，以致被美政府拘留，今已五年。无一日，一时，一刻不思归国参加伟大的建设高潮。然而世界情势上有更重要更迫急的问题等待解决，学森等个人们的处境是不能用来诉苦的。学森这几年中唯以在可能范围内努力思考学问，以备他日归国之用。

但是现在报纸上说中美有交换被拘留人之可能，而美方又说谎谓中国学生愿回国者皆已放回，我们不免焦急。我政府千万不可信他们的话，除学森外，尚有多少同胞，欲归不得者。以学森所知者，即有郭永怀一家，其他尚不知道确实姓名。这些人不回来，美国人是不能释放的。当然我政府是明白的，美政府的说谎是骗不了的。然我们在长期等待解放，心急如火，惟恐错过机会，请老先生原谅，请政府原谅！附上纽约时报剪报一节，为学森五年来之处境。

在无限期望中祝

康健

钱学森谨上

一九五五年六月十五日

★钱学森写给陈叔通的求救信

王炳南遵照周恩来的指示，在中美大使级会谈一开始就率先发言："中国政府按照中国的法律程序，决定提前释放 11 名美国飞行员。希望中国政府所采取的这个措施，能对我们的会谈起到积极的影响。"可约翰逊还是老调重弹："没有证据表明钱学森要回国，美国政府不能强迫命令。"王炳南于是亮出了钱学森的信，理直气壮地驳斥约翰逊："既然美国政府早在 4 月间就发表了公告，为什么中国科学家钱学森博士还在 6 月间写信给中国政府请求帮助呢？显然，中国学人要求回国依然受到种种阻挠。"在事实面前，约翰逊哑口无言，美国政府不得不批准钱学森回国。1955 年 8 月 4 日，钱学森接到了美国移民局允许他回国的通知。

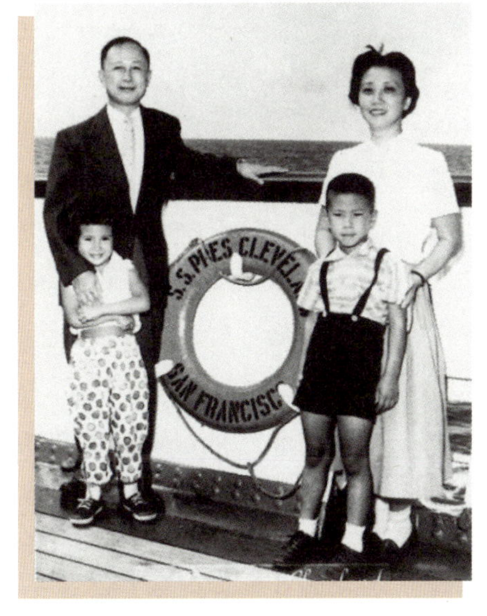

★踏上回国之途的钱学森一家人

1955年9月17日，钱学森携妻子蒋英和一双幼小的儿女登上了“克利夫兰总统号”邮轮，踏上了回国的旅途。1955年10月8日，钱学森一家到达广州。一下船，钱学森就激动地说：“我一直相信，我一定能够回到祖国的，今天，我终于回来了！”

（撰稿：吉安职业技术学院　谭星成）

感悟与思考

钱学森在美国取得了卓越的学术成就，事业和生活都非常优越。可他却冲破美国政府的重重阻挠，回归当时还十分贫穷落后的祖国。面对今天很多人移民海外的现实，亲爱的同学，钱学森的故事对你有何触动？

知识拓展

“庚子赔款”

1900年（清光绪二十六年，庚子年），八国联军攻占北京，强迫清政府于次年订立屈辱的《辛丑条约》。其中规定向各国赔款关平银四亿五千万两，分三十九年还清，年息四厘，本息共计九亿八千二百二十三万八千一百五十两，以关税和部分常关税、盐税作担保。这笔赔款因庚子年义和团事件而起，故通称为“庚子赔款”（简称“庚款”）。

1909年（宣统元年）起，美国将所摊浮溢部分本利退回，充作中国学生留美学习基金，到1924年6月退回余款本利1250余万美元，作为中国教育文化基金。1917年12月起，大部分庚款缓付5年，德奥部分因战败取消，和俄国缓付部分，都拨作国内公债基金。1924年5月底，苏联政府声明放弃俄国部分庚款。1925年，法、日、英、比、意、荷等国先后声明退回赔款余额，并订立协议，充作办理对华教育文化事业，或充作外国银行营业费用和发行内债基金之用。

钱学森是第七期庚款留美学生。

❷ “两弹元勋”邓稼先

他，出身书香门第，毕业于西南联大，后赴美国留学，仅用22个月就获得了博士学位，人生道路原本无比轻松、平坦。但是，为了一个使命，他选择为祖国隐姓埋名28年，与亲人聚少离多，把全部才智和精力贡献于深爱的国家，自己却因受辐射伤害和极度疲劳过早逝世。他就是邓稼先。

邓稼先，1924年6月25日出生于安徽省怀宁县邓家祖屋一个知识分子家庭。

1941年，邓稼先考入西南联大物理系，在这所后来被誉为中国高等教育精神丰碑的大学里，邓稼先和其他青年一样，潜心求学，无问西东，为他毕生从事的核物理研究事业打下了厚实的基础。毕业后，邓稼先受聘北京大学物理系任助教，但他并没有满足大学里的安逸教书生活，他想到的是，要到科学水平更高的美国去，学习更先进的科学技术报效祖国。1948年，邓稼先远涉重洋，进入美国普渡大学物理系就读，仅用22个月时间就获得博士学位。此时他只有26岁，人称“娃娃博士”。

★邓稼先获得博士学位留念照

如此勤奋、聪慧的学生，导师德尔哈尔教授十分欣赏，有意带他去英国继续深造。虽然那里平台更大，前景更广阔，但邓稼先没有丝毫犹豫，婉拒了导师的好意，在拿到学位的第九天，就登上了回国的轮船。东方，有他的父母和爱人；还有一个百废待兴、没有完整国防工业体系、更没有“高大上”原子能工业的新中国。

当时新中国原子核物理领域一片空白，回国后的邓稼先在学术上享受到了“奔腾”的乐趣，一篇篇有分量的论文相继发表，一项项我国原子核理论研究的开拓性工作逐步展开。沉浸在幸福中的邓稼先，不知道新中国正在酝酿自己的原子弹计划。毛主席拍板了，中苏国防新技术协定签下了，第二机械工业部（简称二机部）成立了。谁来担纲,开创中国的核物理科学事业呢?

1958 年 8 月的一天，邓稼先被招到二机部副部长钱三强的办公室。钱三强说:“稼先同志，国家要放一个‘大炮仗’，调你去做这项工作，怎样？”邓稼先没有犹豫，义无反顾地同意了。34 岁的他可能还没意识到，这项工作对自己以后的人生会产生多么大的影响。

回到家，邓稼先对妻子说：“我要调动工作了。”

“调到哪里？”

“不知道。”

“干什么工作？”

“不知道，也不能说。”接着，邓稼先对妻子说了两段话：

“我今后恐怕照顾不了这个家了，这全靠你了。”

“我的生命就献给未来的工作了。做好了这件事，我这一生就过得很有意义，就是为它死了也值得。”

从此，邓稼先的名字便在刊物和对外联络中消失了，他把全部的心血都倾注到任务中。

他先带着一批刚跨出校门的大学生，日夜挑砖拾瓦搞试验场地建设，硬是在乱坟堆里开出一条柏油路来，在松树林里盖起了原子弹模型厅。同时，邓稼先带领大家刻苦学习理论知识，向大家推荐了一揽子外文书籍、资料。因为是外文，并且只有一份，邓稼先只好组织大家集体阅读，一人念，大家译，连夜印刷。

邓稼先是理论部负责人。为了解开原子弹之谜，邓稼先带领同志们使用算盘进行极为复杂的原子弹理论计算。为了演算一个数据，他和大家一起三班倒，算一次，要一个多月；算 9 次，要花费一年多时间，再请物理学家从出发概念进行估计，为此常常工作到天亮。每当过度疲劳，思维中断时，他就着急地说：“唉，一个太阳不够用呀！”

20 世纪 50 年代末 60 年代初，中国处于严重的经济困难时期。对中国的原子能事业来说，那是一个被卡脖子的时代。

1959 年 6 月，苏联拒绝提供原子弹数学模型和有关技术资料。8 月又单方面终止两国签订的国防新技术协定，撤走全部专家，甚至连一张纸片都不留下，还讥讽说："离开外界的帮助，中国20年也搞不出原子弹。就让他们守着这堆废铜烂铁吧。"

面对这个严峻局面，中国人发展核武器只能靠自己的力量了。邓稼先苦苦思索，他选定原子弹理论设计的三个主攻方向，领导三个研究小组，从头开始原子弹的设计研究。

为了记住那个撕毁协定的日子，中国第一颗原子弹的代号定名为"五九六工程"。此后，邓稼先不仅在秘密科研院所里费尽心血，还经常冒着酷暑严寒亲临飞沙走石的戈壁试验场，用整整8年近乎单身汉的生活，带领科学家和工程技术人员克服了资料少、设备差、时间短、环境恶劣等常人难以想象的困难，凭着一颗爱国心和豪情壮志，硬是把青海、新疆神秘荒凉的古战场，建设成中国第一个核武器试验基地，迎来了中国原子弹研制工作的决战阶段。

1964年10月16日下午3时，新疆罗布泊核试验场，随着"10、9、8、7、6、5、4、3、2、1"的倒计时准确报出，爆心区一个强烈的闪光之后，便是一声惊天动地的巨响；接着，一个巨大的火球转为蘑菇云冲天而起；随后，一股强烈的冲击波如排山倒海一般向效应区冲去。中国第一颗原子弹爆炸成功了！这是邓稼先为国家放的第一个"大炮仗"，是邓稼先不辱使命的一份交代，也是他写给家人的一份万言家书！

★第一颗原子弹爆炸现场欢呼的人们

来不及庆功和休整，邓稼先又全身心投入氢弹的研究之中。于是，第二个"大炮仗"很快就来了，1967年6月17日，中国第一颗氢弹爆炸成功，其威力相当于300万吨TNT炸药，是第一颗原子弹的150倍。

从原子弹到氢弹，法国用了8年，美国用了7年，苏联用了4年，而中国只用了 2 年零 8 个月，创造了世界上最快的速度。

研制核武器有一个最可怕的恶魔，就是放射性物质对人体的伤害。1979 年的一次核试验，邓稼先不幸受到了核辐射。不久，邓稼先被确诊为直肠癌，病情十分严重。1986 年 7 月 29 日，邓稼先因癌症晚期大出血去世。临终前，他断断续续地说：“不要让人家把我们落得太远……”，叮咛大家要在尖端武器方面继续努力。

邓稼先是中国核武器理论研究的奠基者和开拓者之一，是中国核武器研制与发展的主要组织者、领导者，他先后担任了核武器研究院副院长和院长，被誉为“两弹元勋”。在我国研究核武器进行的 45 次核试验中，他 32 次亲历现场，15 次担任现场总指挥。

邓稼先为了研制核武器隐姓埋名一辈子，做了一辈子的牺牲。邓稼先逝世后，国家决定对他解密，公开他的身份，宣传他的光辉事迹。这时候，人们才第一次知道了邓稼先的名字，知道他是“两弹元勋”，是中国第一颗原子弹和第一颗氢弹理论方案的主要设计者，知道他是一个英雄。

邓稼先留给后人的除了戈壁滩上的身影，还有他以身许国的精神。正如他自己说的：“我对自己的选择，终生无悔。假如生命能够再生，我仍选择中国，选择核事业。”看到邓稼先，我们会知道怎样才叫一生无悔，什么才是中国的脊梁。

（**撰稿：**吉安职业技术学院　何芳萍）

感悟与思考

邓稼先从 34 岁开始就隐姓埋名，把一生献给了国家的核事业。他的同乡、著名科学家杨振宁曾打趣地问他：“国家给了你多少钱，值得你把命献出去？”邓稼先哈哈一笑，说：“原子弹 10 元，氢弹 10 元。”亲爱的同学，你读了邓稼先的故事，最大的感触是什么呢？

知识拓展

核武器

核武器也叫核子武器或原子武器，是指利用能自持进行的核裂变或裂变—聚变反应，瞬时释放巨大能量并产生爆炸，具有大规模毁伤破坏效应的武器。主要包括裂变武器（第一代核武器，通常称为原子弹）和聚变武器（亦称为氢弹，分为两级及三级式）。从广义上说，核武器是指包括投掷或发射系统在内的具有作战能力的核武器系统。核武器通常指狭义的核武器，即由核战斗部与制导、突防等装置装入弹头壳体组成的核弹。

核武器爆炸不仅释放的能量巨大，而且过程非常迅速，微秒级的时间内即可完成。因此，在核武器爆炸周围不大的范围内会形成极高的温度，产生高压冲击波，发出很强的光辐射。核反应还会产生各种射线和放射性物质碎片，产生电磁脉冲。这些不同于化学炸药爆炸的特性，使核武器具有强冲击波、光辐射、早期核辐射、放射性沾染和核电磁脉冲等杀伤破坏作用。核武器的出现，对现代战争的战略战术产生了重大影响。

③ 王进喜为什么被称为"铁人"

1960 年春天，刚刚度过国庆 10 周年的新中国传来一个振奋人心的大喜讯：黑龙江发现大油田！这个振奋人心的消息迅速飞向神州大地，传遍大江南北。为尽快开发建设好大油田，一场规模空前的石油大会战随即在大庆展开。王进喜从西北的玉门油田率领 1205 钻井队赶来，加入了这场石油大会战。

★王进喜在学习

王进喜，祖籍陕西渭南，出身于甘肃玉门一个贫苦农民家庭，从小靠讨饭为生，15 岁到玉门油矿做了 10 年苦工，恶劣的生活环境，练就了他刚毅坚韧、倔强不屈的性格。新中国成立后，王进喜成为新中国第一批钻井工人。他异常珍惜这得来不易的机会，勤奋肯干、吃苦耐劳，积极改进钻井技术，以巨大的工作热情投入工作之中。1956 年 4 月，王进喜光荣加入了中国共产党，并担任了贝乌五队队长，由他带领的钻井队创造了当时月钻井进尺 5009.3 米的全国最高纪录。

1959 年 10 月，王进喜被选为"全国劳动模范"到北京参加"群英会"。他看到大街上的公共汽车都背着个与车顶一般大的橡胶包，很是奇怪，问道："公共汽车顶上背的是啥呀？"同行的人告诉他："因为中国缺少石油，没有石油就没有汽油，汽车就只好烧煤气了。车顶上背的就是煤气包！"

听到这儿，王进喜沉默了，他心里急呀："连毛主席住的地方都没有油用，作为钻井队长真是有愧呀！还有脸来开大会，受表扬？"王进喜感到一种莫大的耻辱。从此，他经常告诫自己，也提醒工友们："石油关系着国家的命脉，没有石油，工业无法发展，农业现代化也无法实现，我们的国家和民族正承受着巨大的考验，作为国家的主人，我们理应为国分忧，尽快把贫油的帽子甩到太平洋里去，这是我们石油工人的责任！”

1960 年 3 月 15 日，一列火车载着王进喜和他的 1205 钻井队，日夜兼程，从甘肃玉门赶到大庆。当看到天南海北前来参加会战的几万名战友，看到铁路沿线摆了几十里长的堆积如山的设备器材，看到就要开发的一望无边的大油田的时候，王进喜浑身充满了力量。他满怀激情地站在大荒原上，随手扒开积雪，从地上抓起一把土来：这是什么样的土啊？黑乎乎的！他恨不得一拳头砸开地层，让乌黑发亮的原油哗哗地喷射出来……

那时候，钻机还没有运到，他们天天派人到车站去等。王进喜更是坐不住，睡不稳，到处调查访问，了解地层情况。终于，钻机在夜里运到了，大家欣喜若狂。王进喜更是高兴万分，等不及天亮，就兴冲冲地带领工友们到车站取钻机。

可是，一到车站，跑得满头大汗的大伙儿傻眼了——60 多吨重的钻机，

★王进喜带领工人搬运钻机

沉沉地躺在火车车厢里，挑衅似的冷冷地对着大家。没有吊车也没有拖拉机，只有几辆解放牌汽车，怎么把钻机搬到井场上去？大家议论纷纷，焦急地想着办法。王进喜果断地对大伙儿说：“同志们，眼下我们的困难还很多，但是，我们不能坐等上级来解决困难，我们要主动克服困难。有条件要上，没有条件创造条件也要上！大家就算用大绳拉，用肩膀扛，也要把钻机卸下来，运到井场上，早一天安装就早一天开钻！大家看行不行？”

“行！”工友们异口同声地回答，“不能等，就是豁出命来也要上！”大家摩拳擦掌，找来撬杠、绳索等搬运工具，热火朝天地干起来。

在王进喜的指挥下，大家把钻机拆成几大件，用方木加撬杠，拉的拉、撬的撬，手掌被棕绳勒出了血，肩膀被压得又肿又痛，大伙儿不吭一声，硬是把 60 多吨重的钻机从火车上卸下来，再一寸一寸、一尺一尺运到 15 里外的井位上，让 40 多米高的井架在茫茫荒原上高高耸立。这就是大庆石油会战史上著名的“人拉肩扛运钻机”。

钻井离不开水，可是井场上水管还没有接通，等罐车送水需要 3 天。开钻没有水怎么行？王进喜对着大伙儿说：“没有水怎么办？我们只能等吗？”大伙儿说：“咱们用盆端，用桶提！”有人不同意：“你们见过哪个国家端水钻井的？”王进喜理直气壮地说：“我们的国家就是第一个！”

他带领工人们同井场附近的农民一起，用盆端、桶提，甚至铝盔、灭火器外壳装，硬是用人力端来 60 吨水，提前开了钻。

1960 年 4 月 14 日，一轮红日从东方升起，巍然耸立的井架披着金色的霞光，井场上一片繁忙。王进喜大步跨上钻台，握住冰冷的刹把，纵情地大喊一声：“开钻了——”这声音威武雄壮，气吞山河！正像王进喜所说的那样：“石油工人一声吼，地球也要抖三抖！”

经过 5 个紧张的日夜，大庆石油大会战的第一口井终于喷出了乌黑发亮的原油。王进喜和工人们围在井场的周围，眼看着那高高喷起的油柱兴奋得忘掉了一切！

第一口油井打好之后，王进喜率领钻井队准备往第二口井搬家。由于发生意外，王进喜的右腿被滚落的钻杆砸伤了。领导要他住院，他不顾伤痛，拄着拐杖连夜回到了井场。谁知由于地层压力过大，第二口油井刚钻到一半发生井喷，油气伴着泥浆呼呼地往外冲，冒出几十米高的水柱。必须赶快压

★ 王进喜跳进泥浆池，用身体搅拌水泥

住井喷，否则就会井毁人亡！然而，压住井喷要用重晶石粉，但井场只有水泥。王进喜把手一挥："同志们，跟我来，搅拌水泥，压住井喷！"

可是，井场没有搅拌机，大家把水泥倒进搅拌池，水泥都沉到池底，无法发挥作用！在这紧急关头，王进喜不顾腿伤，毅然扔掉双拐，不顾水泥强烈的碱性腐蚀力，纵身跳进泥浆池，用身体搅拌水泥。在他的带领下，其他工友也纷纷跳入泥浆池，用身体当搅拌机。水泥搅拌好了，经过3个多小时的奋战，井喷终于被制服了。

事后，王进喜受伤的腿肿得很粗，身上被水泥腐蚀得长满了泡，但他依然不休息，日夜工作在井场上。房东赵大娘看到王进喜领着工人没日没夜地干，忙得连饭也顾不上吃，感慨地对工友们说："你们的王队长可真是个铁人哪！"

从此，"铁人"王进喜的名字就传开了，蕴藏在他身上的"铁人精神"也传开了。"铁人"王进喜成了新中国工人阶级的代表，一直激励和鼓舞着一代又一代人奋勇前行。

（**撰稿**：大庆职业技术学院　王恒斌）

感悟与思考

亲爱的同学，读完了王进喜的故事，你最大的感受是什么？王进喜那个年代，中国人民用自力更生、艰苦奋斗的精神，打破了帝国主义的经济封锁和政治压迫，今天我们还需要这种精神吗？

知识拓展

大庆油田

大庆油田，位于黑龙江省大庆市，是1959年9月26日发现的一座大油田。

鸦片战争后，中国逐步沦为半殖民地半封建国家，西方美孚、亚细亚、德士古三大石油公司迅速进入中国，“洋油”以空前的规模在中国各地倾销。1949年，全国石油产量只有12万吨，国家经济建设所需要的石油产品全部依赖进口，连街上的公共汽车都因缺油而背上了煤气包甚至木炭包。1959年9月26日，在东北松嫩平原一个叫大同的小镇，一座名为“松基三井”的油井里喷射出了黑色油流，一座世界级的特大砂岩油田被发现。当时正值中华人民共和国成立10周年之际，时任黑龙江省委书记欧阳钦提议将大同改为大庆，将大庆油田作为献给中华人民共和国成立10周年一份特殊的厚礼。从此“大庆”这个源于石油、取自国庆的名字叫响全国，传扬世界。

4 老八路的“背影”

在新疆生产建设兵团，有一位老八路师长，他的一张《老八路的背影》照片，感动了无数人。他就是原农三师师长、老八路肖风瑞。

肖风瑞，1919 年 11 月出生于河北省兴隆县九区沌河北村的一个贫农家庭。1938 年 7 月参加八路军，11 月加入中国共产党。历任战士、班长、排长、副大队长。在抗日战争和解放战争中，肖风瑞参加过百团大战、反扫荡作战、延安保卫战、青化、合水、榆林、沙家店、瓦子街、洛川等战斗，4 次负伤，3 次立功。

★肖风瑞

1949 年，肖风瑞随解放军三五九旅进军新疆，经历了新疆生产建设兵团创业和发展的各个阶段。

1982 年春，肖风瑞任农八师师长，到小海子垦区检查工作。那时，深受“文革”重创的兵团刚恢复建制，垦区正闹饥荒，所到之处，各个团场都缺粮。离开时，三五成群的维吾尔族群众提着口袋向领导要口粮，老八路的心被深深刺痛了：经过几十年的建设和发展，垦区老百姓怎么还吃不饱饭呢?

经过深入思考和调查研究，他发现，生产方式落后、缺水是主要原因。有水才有粮。要彻底改变粮食歉收，农业发展缓慢的现状，兴修水利是第一要务!

于是，肖风瑞决定，组织小海子垦区人力物力，完成永安坝水库大坝加固工程，增加蓄水。

一个加固大坝的战斗打响了，来自 7 个团场的施工队伍上了工地。已届花甲的肖风瑞忙碌在工地上，他保持着八路军的光荣传统，“哪里枪声最密就奔向那里”，哪里任务最艰巨哪里就有他的身影。他渴了喝碱水，饿了吃馍馍咸菜，和年轻人一样日夜奋战在工地上。

时值春末夏初，麦稍黄了，有些施工群众的心也乱了。有人说："反正今年干不完，明年再干也不晚，歇歇再干吧！"

也有人说："马上就要麦收了，双手忙不过来，该歇歇了！"

还有人说："麦子收不回来可要饿肚子！先收麦子，再修水库也不迟！"

肖风瑞像当年八路军守阵地一样立在大坝上："工程干不完谁也不能撤！撤了前功尽弃，蓄不上水，明年还要闹饥荒！"

在他的坚持和督促下，永安坝水库大坝加固工程赶在夏收之前顺利完成，当年蓄满水，为农业生产创造了条件。

他长期住在办公室，奔波在基层，官而不显，功高不傲，为人朴实，生活朴素，对群众一枝一叶总关情。他的驻地隔一条马路就是四十一团草湖宾馆，按照规定，他可以吃小灶，但他拒绝了，借了个电炉自己下挂面吃，还叫来管理员，要交电费。管理员说，住办公室的人不少，都不收电费。肖师长认真地说，我做饭用了公家的电，怎么能不交钱呢！硬是郑重其事每月交5元电费。

肖风瑞穿着更是简单，从来都是一身旧军衣。有一次，肖风瑞到五十二团，有位老太太要找他，等在团办公室旁的大树下。一下车，老太太仔仔细细打量，对着衣服崭新的司机叫"肖师长"。司机笑着回头说："这位是肖师长！"老太太打量一番，转脸对司机说："别开玩笑了，我找你有事儿！"肖师长笑着迎上去说："我叫肖风瑞，有啥事跟我说吧。"老太太这才相信这位衣着简朴的老人是师长。

还有一次，一位泼辣干练的中年女工，拎了两只肥大的母鸡来找肖师长，说肖师长帮她解决了困难，要感谢肖师长。肖风瑞不收，她把母鸡丢在办公室就走了。肖风瑞无奈，只好请工作人员把鸡提到四十一团宾馆，请食堂作个价，把钱交给那位女同志。他说，当年他左腿骨被日本鬼子的子弹穿裂，在老百姓家里养伤，老百姓把家里珍贵的母鸡熬了汤，给他补身子。今天，我们掌了权当了官儿，难道为人民排忧解难，还要老百姓提着母鸡来感谢我们？"打鬼子时的鸡汤和今天的鸡汤，绝对不是一个味儿！"老八路深深品出了其间的本质差别。

1983年春，肖风瑞到叶城二牧场二连调研。牧场领导提出畜群圈舍建设投资项目，肖风瑞说要到实地去看看，大家纷纷劝阻：山高坡陡，冰雪未化，没有道路，上山危险；况且肖师长腿受过伤，不能去！肖风瑞执意要上山查看，说："不亲眼看看，怎么下决心投资呢？"于是，他骑着毛驴上了山。那山确实太陡，从下往上看，好像人的身体贴在悬崖上，一失足不堪设想。到了山顶，肖师长仔细了解情况，慰问牧工。维吾尔族牧工激动地说："山上从来没来过这么大的干部。"离开二牧场，肖风瑞战争年代留下的腿伤发作，痛得觉也睡不成。

1987年，新的师领导班子上任，肖师长即将返回兵团工作。但是他没有"人走政息"，而是坚持把最重要的事做完。他守在小海子水库一个多月，整天奔波，引洪蓄水。汽车坐垫把他的背心磨破了，司机老王开玩笑地说："我送你一件新背心，你这件背心给我擦车子用吧。"肖风瑞笑答："背心破了透气哩，凉快舒服！"

那天中午，肖风瑞从水库回到办公室听汇报，破了的背心露出晒黑的脊梁，记者悄悄支起相机按下快门，一张《老八路的背影》拍摄完成了。几天后，他微笑着仔细端详照片，说："拍得不错，但千万不要发表，人家会说师长穿得这么破，三师穷到家了。照片我保存作个纪念吧。"

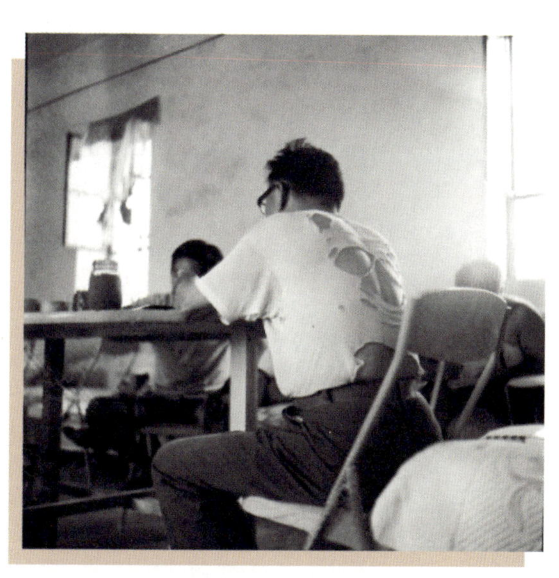

★《老八路的背影》

直到水库蓄满水，他才离开三师。来时一身正气，两袖清风；去时一库碧水，满眼丰收。那一库碧水，浸透着老八路对三师各族群众多么深厚的感情啊！

肖风瑞所做的一切，没有任何豪言壮语。他的心里只装着人民，装着新疆建设，唯独没有装着自己。

（**撰稿**：新疆石河子职业技术学院　杨涵）

感悟与思考

中国共产党的优良作风之一就是艰苦奋斗。当年无数的老红军、老八路始终保持艰苦奋斗的作风，这是他们赢得群众信任和支持的重要原因。亲爱的同学，当你看到肖风瑞满是破洞的背影，你有什么触动呢?

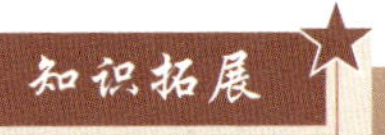

新疆生产建设兵团

新疆和平解放后，为稳定边疆，发展生产，减轻国家和人民的经济负担，1954年10月，中央政府命令驻新疆人民解放军第二、第六军大部，第五军大部，以及由原国民党新疆警备总司令部起义部队改编的二十二兵团全部，集体就地转业，脱离国防部队序列组建“中国人民解放军新疆军区生产建设兵团”，其使命是劳武结合、屯垦戍边。“文革”期间，兵团屯垦戍边事业受到严重破坏。1975年3月，兵团建制被撤销，成立新疆维吾尔自治区农垦总局，主管全疆国营农牧团场的业务工作。1981年12月，中央政府决定恢复兵团建制，名称则改为“新疆生产建设兵团”，兵团开始了二次创业。

新疆生产建设兵团是新疆维吾尔自治区的重要组成部分，是一个“准军事实体”，设有军事机关和武装机构，沿用兵团、师、团、连等军队建制和司令员、师长、团长、连长等军队职务称谓。兵团集党、政、军、企四套领导机构与四项职能为一体，承担着国家赋予的屯垦戍边职责，受中央政府和新疆维吾尔自治区双重领导，是国务院计划单列的省（部）级单位。

5 一件296块补丁的军衣

在新疆生产建设兵团军垦博物馆二楼展厅中央的玻璃柜中，有一件打了296块补丁的军衣，很多人看到这件军衣，都会被这补丁上摞着补丁的军衣所震撼。

这件军衣的主人叫王德明。

王德明是农八师一二二团的老军垦战士，1949年随部队进疆，1952年与17.5万官兵及家属一道就地转业，组成新疆生产建设兵团。

解放初期，生产建设兵团的工作和生活条件极为艰苦，官兵们除了仅有的"坎土曼"（维吾尔族用于锄地、挖土的农具）和斧头两类工具，就再没有生产和生活所需要的东西。面对困难，官兵们就地取材，编草鞋、编筐子，每天顶着月亮去干活，再顶着月亮收工。没有地方住，就先挖"地窝子"，挖到一定的程度留个土台子，就作为床铺。

★兵团战士住的地窝子

为发展生产，保障供应，1949年12月10日，兵团成立了新疆军区生产合作社，大力兴办各种工厂。

那时，国家刚刚解放，财政很困难，要开办工厂，只有依靠指战员自力更生、白手起家。兵团司令员王震指示，开展生产节约运动。于是，军区直

★王德明穿过的打了296块补丁的军衣

属部队每人每天从不到1000克的口粮中节约250克，从1毛6分钱的菜金中节约9分6厘，每月3元津贴拿出2元，平均每人每年节约出91.2元奉献给国家，支援创办工厂。

除了经费上开展节约外，兵团还要求对军衣等物资供应实行精减：军服的双层衣领改为单层；四个口袋减为两个，一年两顶军帽节省一顶，两套单衣节省一套。博物馆的这件军衣就是单层衣领、两个口袋。

老战士王德明和所有军垦战士一样，积极响应兵团号召，自觉开展节约运动。他的军服破了又缝，缝了又破，但还舍不得扔，缝缝补补继续穿，不知道穿了多少年，缝补了多少次，打了多少补丁。

就这样铢积寸累，聚沙成塔，军垦战士把节约的大笔军费投入军人合作社，作为工业建设的投资。八一钢铁厂、七一棉纺织厂、乌拉泊水电站、六道湾煤矿等新疆维吾尔自治区最早的工业企业，没有向国家要过一分钱，都是这样建立起来的。军垦人的奉献，终结了新疆没有现代化工业的历史。

同时，兵团战士开垦耕地9.3万多公顷，修建大小水库105座，开掘渠道4470多条，总长度达5.22万公里，造林面积12万多公顷，为新疆的建设和发展作出了巨大的贡献。

★兵团战士人力拉犁开荒

20世纪90年代末，军垦博物馆文物征集人员走进王德明老人的家中，在老人家杂物棚子里，无意间发现架子上整整齐齐堆放着一摞摞旧衣服，虽然这些衣服有大衣、衬衣、手套、袜子等不同类别，但无一不是布满了大大小小、花花绿绿、材质不一的补丁，透过补丁仍然可以依稀分辨出，它们是一件件破旧的军装！经过博物馆人员的清理、挑选，王德明老人把一件缝满了各种颜色补丁的军大衣捐献给博物馆。经工作人员清点整理，这件大衣上居然有补丁296块！作为军垦人建设新疆的见证，后来这件军大衣被评为国家一级文物！

一代军垦人，卫国戍边，建设新疆，不知流了多少汗，流过多少血，军衣上的片片补丁不会说话，但折射着军垦人创造的辉煌故事，见证着军垦人不求索取、艰苦奋斗、无私奉献的宝贵精神。这一片片补丁就是一枚枚军功章！

（**撰稿**：新疆石河子职业技术学院　杨涵）

感悟与思考

亲爱的同学，这个故事最引人注意的就是衣服上的补丁了。展览馆里那件打了296块补丁的大衣、犁地兵团战士屁股上露出棉花的破裤子……你看了后有受到震撼吗？今天的我们不需要再穿打补丁的衣服了，甚至刚买的新衣为了时尚特地打上几个破洞，但人生恐怕离不开艰苦奋斗。对此，你作好了准备吗？

知识拓展

屯垦

“屯垦”在我国有着悠久的历史。

早在西汉时期，就开始“置校尉，屯田渠犁”，为汉朝统一西域创造了条件。公元前60年统一西域后，西汉在西域的屯田进一步扩大，屯田士卒亦兵亦农，亦耕亦战，保障了军队的战斗力，繁荣了经济，促进了边疆地区的社会进步。

唐朝贞观年间开始对西域进行大规模屯田，在东起蒲类海（今巴里坤湖），西至碎叶川（今楚河），南抵昆仑山，北达准噶尔盆地的广大地区进行屯田，屯田规模之大、分布之广，管理机构之完善，为世界所独有。

清朝前期，在平定准噶尔部叛乱时，为解决军队粮食供应问题，清朝政府开始在巴里坤、哈密、吐鲁番等地屯田。清朝统一新疆后，屯田遍及新疆，成为开发边疆、发展当地经济的重要措施。

新中国成立后，我们党把维护新疆的政治经济稳定，巩固国家统一与民族团结作为开发新疆的根本，新疆的屯垦戍边事业翻开了新的一页。如今，新疆每3亩土地中就有1亩是兵团人开垦的，兵团的人口占新疆1/7，生产的粮食占全疆1/5、棉花超过1/2，并已成为全国最大的棉花生产基地和新疆最大的油料基地。

主要参考文献

《毛泽东选集》（第 1—4 卷），人民出版社 1991 年版。

《毛泽东文集》（第 1—2 卷），人民出版社 1993 年版。

《毛泽东文集》（第 3—5 卷），人民出版社 1996 年版。

《毛泽东文集》（第 6—8 卷），人民出版社 1999 年版。

中共中央文献研究室编：《毛泽东传》，中央文献出版社 2011 年版。

中共中央文献研究室编：《毛泽东年谱（1983—1949）》，中央文献出版社 1993 年版。

中共中央文献研究室编：《毛泽东年谱（1949—1976）》（第 1—6 卷），中央文献出版社 2013 年版。

习近平：《论中国共产党历史》，中央文献出版社 2021 年版。

《习近平谈治国理政》第 1 卷，外文出版社 2018 年版。

《习近平谈治国理政》第 2 卷，外文出版社 2017 年版。

《习近平谈治国理政》第 3 卷，外文出版社 2020 年版。

中共中央文献研究室编：《周恩来传》，中央文献出版社 1998 年版。

中共中央文献研究室编：《朱德年谱（新编本）》，中央文献出版社 2006 年版。

中共中央文献研究室第二编研部编著：《朱德自述》，国际文化出版公司 2009 年版。

李烈主编：《贺龙年谱》，人民出版社 1996 年版。

《贺龙传》编写组编：《贺龙传》，当代中国出版社 2007 年版。

中共中央党史研究室：《中国共产党历史》第 1 卷（1921—1949），中共党史出版社 2011 年第 2 版。

中共中央党史研究室：《中国共产党历史》第 2 卷（1949—1978），中共党史出版社 2011 年版。

《中国共产党简史》编写组编著：《中国共产党简史》，人民出版社、中共党史出版社 2021 年版。

中共中央党史研究室：《中国共产党的九十年》，中共党史出版社、党建读物出版社 2016 年版。

中共中央文献研究室、中央档案馆《党的文献》编辑部编：《中共党史重大事件述实》，人民出版社 1993 年版。

中共嘉兴市委宣传部、嘉兴市社会科学界联合会、嘉兴学院红船精神研究中心：《中国共产党早期组织及其成员研究》，中共党史出版社 2013 年版。

[日]石川祯浩：《中国共产党成立史》，袁广泉译，中国社会科学出版社 2006 年版。

《〈关于若干历史问题的决议〉和〈关于建国以来党的若干历史问题的决议〉》，中共党史出版社 2010 年版。

王钥编著：《中华人民共和国历史纪实·开国奠基（1949—1953）》，红旗出版社 1994 年版。

王雯等编著：《中华人民共和国历史纪实·凯歌行进（1951—1956）》，红旗出版社 1994 年版。

《方志敏文集》，江西人民出版社 1999 年版。

叶大春：《铜脊将军——王树声大将传》，湖北人民出版社 1993 年版。

张国君、陈伟编著：《王树声大将》，四川人民出版社 2009 年版。

叶永烈：《红色的起点》，广西人民出版社 2005 年版。

刘宇祥：《井冈山斗争与井冈山精神》，江西人民出版社 2018 年版。

刘统整理注释：《亲历长征：来自红军长征者的原始记录》，中央文献出版社 2006 年版。

胡光正主编：《中国军事百科全书》，中国大百科全书出版社 2016 年第 2 版。

胡士弘：《钱学森》，中国青年出版社 1997 年版。

王青青：《曾志画传》，北京大学出版社 2011 年版。

葛康同等：《两弹元勋邓稼先》，新华出版社 1992 年版。